هشاشة عظام

قصص

محمد محمد مستجاب

هشاشة عظام

قصص

إصدارات دائرة الثقافة، حكومة الشارقة 2023م

الناشر: دائرة الثقافة ـ حكومة الشارقة ـ الإمارات العربية المتحدة

الهاتف: 5123333 6 971+

البرَّاق: 5123303 6 971+

الموقع الإليكتروني: www.sdc.gov.ae

البريد الإليكتروني: sdc@sdc.gov.ae

813.01

م م. هـ   مستجاب، محمد محمد

هشاشة عظام / محمد محمد مستجاب ـ الشارقة، الامارات العربية المتحدة : دائرة الثقافة ، 2023.

100ص ؛ 21 x 14سم.

1- القصص العربية القصيرة ـ مصر

2- القصص العربية القصيرة

أ- العنوان

ISBN: 978-9948-800-23-1

ســارة

في هذا العالم لم يكرهني أحد كما كرِهَتْني سارة..

لم تكن سارة قريبَتَنَا التي أنتظر زيارتها مع أهلها، وليست ابنةَ الجيران التي أضايقها أثناء حركتها في الشرفة أو على سلم العمارة أو أثناء ذهابها إلى المدرسة، حتى شكاني والدها لأبي، فنِلتُ بسببها "علقة" عظيمة لا تنسى، ولم تكن زميلةَ الدرس التي أدس لها الخطابات والعبارات بين أوراق الكتب والكراسات حتى علمت والدتها، فألحقَتْها بمدرسة أخرى ومدرس آخر، كما أنها ـبالتأكيدـ لِسبت صديقةَ العمل التي طلبتُ لقاءها خارج مكتب الهيئة، فلم أجد غير مذكرة للتحقيق معي بسبب تعطيل سير العمل، وأُقسِمُ أنها ليست السيدةَ التي شاركتني المصعد في إحدى العمارات عند ذهابي للطبيب، وخرجَتْ صارخةً تتهمني بأنني نظرت إليها بعينَيْ ذئبٍ أراد التهامها.

لم تسكن سارة إحدى غرف القلب يوماً، ولم يتمدد جسدها في أحلامي ذات مرة، ولم تكن بيننا أي قصة حب عظيمة أو قديمة، أو حتى عابرة.

ولكن سارة زوجةَ شقيقِ زوجَتي، جميلةٌ كامرأة مصنوعة من خيوط النور، شفافة وهادئة كرغباتنا القديمة، تمتلك ابتسامة خجلة كزوجة جديدة، تلك الابتسامة المميزة لها، التي كانت تتلاشى وتتحول إلى اضطراب عند رؤيتها إياي في تلك اللقاءات الأسرية القليلة التي نتشارك فيها. ولكني لم أكن أضع الأمر في اعتباري، أو أعيره اهتمامي، حتى إنها لا تأتي على بالي كثيراً، وكان السؤال الذي لا يكاد يغادر عقلي؛ لماذا تكرهني سارة؟ سؤال يحيرني كلما ذُكِر اسمها أثناء حديث زوجتي عنها، عندما تلعب دور الحماة لأخيها الأصغر.

تكرهني سارة ولا تطيقني دون سبب، أو ربما لديها أسباب لا أعرفها، يتغضن وجهها وتضم شفتيها استعداداً لكلمات تطلقها من فمها دون أن تقولها، وكثيراً ما رأيت شفتيها تحملان سباباً لا تسمعه غير أذني، ودائماً ما تتوعدني نظراتها بالعقاب الدائم.

ذات مرة قررتُ أن أسألها عن سبب هذا الاضطراب والغضب الذي ينتابها عند رؤيتي، ولكن خانتني شجاعتي في اللحظات الأخيرة، جاهدت أكثر من مرة كي أحكي لزوجتي، لكني تراجعت خوفاً من ردة فعلها التي من الممكن أن تهدد استقرار الأسرة، حتى فكرة إرسال رسالة لها أسألها فيها عن سبب كراهيتها تراجعتُ عنها، فمن الممكن أن تصبح فضيحة مدوية في الأسرة، وأظهرُ كمراهق أمامهم وغير مسؤول وتنشأ معركة مع زوجها أو زوجتي.

سارة التي لم أدخل بيتها مطلقاً، فقط شاركت من باب

الفرحة- في حمل الأثاث عند تجهيز شقتها قبل الزواج، رغم أنها لم تكن حاضرة حينها، وحتى حفل زفافها لم أحضره، فقد كانت زوجتي غاضبة قبل عدة أيام من فرحها وتركت البيت، وبسبب ذلك الخلاف لم يدعُني أحد لحضور الفرح، رغم حضور أمي وجميع إخوتي.

في المكان الذي توجد فيه سارة يعلو الضجيج والكلام والضحكات، لكن فور ظهوري ينقطع الحديث، ويتحول الحوار من لغة الحروف الصريحة والواضحة إلى لغة النظرات الحادة بالعيون الناقمة المستنكرة. كنت لا أطيق البقاء في هذا الجو، فأنصرف فوراً متعلِّلاً بمحادثة هاتفية أو عمل أي شيء آخر.

ذات يوم شعرَتْ سارة ببعض الألم، ذهبَتْ للطبيب وعادت إنسانةً أخرى، أخبرها الطبيب بأن "المرض الوحِش" باغتها مبكراً، وأنها تأخرت في العلاج، ولا بد من مواجهته.

تصدرت أخبار سارة جلسات العائلة، باتت سيرتها على كل لسان، ما بين شفقة ومصصمة شفاه، كيف لفتاة مثلها أن تستحق هذا المصير وكل هذا الألم؟ قالوا:

- "شابة، لم تفرح بعد"..

- "الحمد الله أنها لم تنجب"..

- "قدم العريس عليها قدم شؤم".

سارة التي هشم المرض جغرافيًا جسدها، في البداية احتلَّ

الثديَ الأيسر، ثم أخذه واختفى، بعدها أفقدَ عينيها اللمعة الحانية التي كنتُ أراها في نظراتها.

ذات يوم في شهر رمضان قررتُ أن أدعوهم للإفطار، وطلبتُ زوجتي -الماهرة في الطبخ- أن تعد وليمة، وصممتُ أن يأتي جميع أفراد العائلة، وأصررت على أن يأتي أخو زوجتي وزوجته سارة، لا أعذار.. ولن نتناول الفطور إلا إذا جاء الاثنان، وستكون فرصة لإزاحة أي جفاء أو كراهية تضمرها تجاهي، وسيساعدها هذا في رحلة علاجها، فأهم علاج لها -في تلك الفترة- هو رفع معنوياتها وتحسين حالتها النفسية وإحاطتها بجو مليء بالبهجة، فحالتها الصحية قد ازدادت سوءاً بعد أن خرجَتْ من المستشفى، بعد حجزها عدة أيام لتناول الجرعات الكيماوية.

جاءت سارة وقد تهالكت من قسوة الأدوية التي سرت وتوغلت في جسدها، لكن زمّ شفتيها ما يزال دليلاً ملحوظاً على كراهيتها لي. سارت ببطء شديد وكادت تسقط من شدة الألم، ولم تستطع أن تأكل شيئاً أثناء الإفطار، وحينما عاودها الألم مرة أخرى طلبت أن تستريح، ساعدها كلٌّ من زوجها وزوجتي، وساندها حتى مددت جسدها المنهك على سرير غرفة نومي. وطلبت أن يترُكَا لها نور الغرفة مضاءً ويتركاها وحدها.. لأنها تريد أن تنام.

دقائق قليلة حتى جاء صوتها من داخل الغرفة مصحوباً بصرخة شديدة، ركضنا جميعاً ناحية الغرفة، لنجد جسدها الواهن يرتعد من شدة الألم، وتصرخ بشدة لتخرج من الغرفة وعيناها غارقتان بالدموع، طلبَتْ من زوجها أن تنصرف وتغادر

هذا البيت، وسط دهشة الجميع من تقلب مزاجها، لكني كنت أعلم أن الكراهية لم تستطع أن تجعلها تجلس أو تنام لحظات في غرفة نومي، وأصرت على مغادرة المنزل بحدة. اقترحتُ توصيلهما بسيارتي، لكنها رفضت بشدة، وطلبت من زوجها الاستعانة بـ"تاكسي" سريعاً، متعللة لزوجتي بأنه لا يصح أن أترك ضيوفي.

بعد شهور قليلة من غزو (المرض الوحش) جسدها، استقبلتُ خبر وفاتها في الهاتف، كان زوجها يتحدث باكياً، زوجتي كانت نائمة، أيقظتُها بحرص واحتضنتها وأنا أخبرها ـهمساً ـ برحيل سارة، وقلت لها مهوِّناً من وقع الخبر عليها "ارتاحت من الجحيم الذي كانت تعيش فيه". بكت زوجتي بشدة، فقد كانت تعتبرها أختها الصغرى، وهي التي اختارتها زوجة لأخيها.

كنتُ أول من استقبل نعش سارة جاذباً إياه من سيارة الإسعاف، واستطعتُ أن أسير في جنازتها وأن أتلقى العزاء فيها. عندما شاركتُ في حمل نعشها، كان داخلي إحساس بأنني سأجد سبباً لكراهيتها لي، لكنها تركتني في حيرتي وأسئلتي.

رحلت سارة، كقصة قصيرة جداً، تاركة بعض الذكريات البائسة عن مرضها وطريقة رحيلها، وكراهية عظيمة لي لا أعرف سببها.

بعد رحيلها بمدة قصيرة، قام زوجها بشيء غريب، بدأ في بيع محتويات الشقة، فكل مرة تكتشف الأسرة بيعه قطعة من الأثاث، أو وضعه صورة لأحد الأجهزة ـكالتليفزيون أو الثلاجةـ على

أحد المواقع الإلكترونية وعرضها للبيع. وفي أحد الأيام أثناء جلوسي لمشاهدة التليفزيون، جاءت زوجتي متثاقلة وهي تحمل صندوقاً صغيراً مرصَّعاً بالصدَف، جلست بجواري في حزن، وفتحت الصندوق، كان به بعض المشغولات الذهبية التي تخص سارة ويريد أخوها بيعها، لعلمهما بأن لي صديقاً صاحب محل مصوغات، ويمكن أن يحقق لهما مكسباً من المال، أو لن يضحك عليهما في الدمغة والمصنعية، هكذا ألحت زوجتي وهي تقدم لي الصندوق وقد فتحت غطاءه. لم ألمس أيّاً من مشغولات سارة الذهبية، وطلبتُ من زوجتي أن تأتي معي لتتسلم النقود بنفسها، مع أنني كنت أرغب في عدم البيع، فهي خسارة تضاف لخسائر بيع أثاث ومحتويات شقة لزوجة جميلة لم تسكنها بقدر ما سكنت غرف المستشفيات.

استقبَلَنَا زينهم -صديقي- بحفاوة كبيرة، بالأحضان والقبلات وأشار لمساعده أن يأتي بالمثلجات، وزاد من الحفاوة عندما وجد زوجتي معي، ورفع سماعة الهاتف كي يطلب لنا الغداء من محل مشويات شهير. شكرناه وتحججنا بأننا يجب أن ننصرف سريعاً، أخرجت زوجتي من حقيبتها الصندوق الصغير وأعطته إياه، وقالت بابتسامة "عايزين نبيع دول، بس اكرِمنا في السعر". رحب زينهم، وشرع في وزن المشغولات الذهبية، كلّ على حدة، ودَوَّنَ -في ورقة صغيرة- الوزن والسعر بعد إجراء عملية حسابية بسيطة على الآلة الحاسبة.

كنت حزيناً ومتضايقاً، وزوجتي حزينة فعلاً، ظلت تنظر في الأرض ولم تتابع عمل زينهم، ولم تنهض كعادتها لمشاهدة

الفاترينة الزجاجية وما فيها من مشغولات ذهبية جديدة. آخر قطعة في الصندوق كانت سلسلة ذهبية طويلة تنتهي بشكل بيضاوي كبير وعليها لفظ الجلالة، فتحها صديقي ثم قام بإغلاقها وقدمها لي.

أخذت منه السلسلة، وفتحتها وأنا لا أفهم شيئاً، كانت صورة سارة وهي مبتسمة ابتسامتها العذبة التي شاهدتُها بها أول مرة، ترحمتُ عليها، وعندما أمرني بأن أفك الصورة لأخذها، كانت توجد صورة أخرى خلف صورتها، توقعت أن تكون الصورة لزوجها، لكن الصورة الأخرى سقطت على الأرض ورقدت بين قدمَيْ زوجتي، انحنت زوجتي لتلتقط الصورة ورفعتها أمام وجهها، كانت صورتي!

جنية الأسنان

تخبرني صديقتي الجديدة التي تعرفت عليّ عن طريق "الفيس بوك" أنها تريد لقائي.

أعتذر لها بشدة نظراً لانشغالي برعاية أمي المريضة، تلح على اللقاء، وتخبرني أنها قد حلمت بي ثلاث مرات خلال أسبوع واحد، وأنها كانت تتابع صفحتي لمدة شهر قبل أن ترسل طلب الصداقة، وأنها عندما لم أستجب، أرسلت لي رسالة طالبة رقم هاتفي.

تبدو تلك الصديقة الجديدة التي لم ألتق بها؛ نافذة بوح، لا تكف عن الاتصال بي منذ أن أرسلت لها رقم هاتفي، وأخبرت نفسي أن الأمر سوف يتوقف بعد عدة أيام، لكن طلبها لقائي أثار قلقي الشديد.

رغم سكنها في مدينة بعيدة، إلا أنني فوجئت بها منذ عدة أيام تتصل بي، لتخبرني أنها تقف قريباً من بيتي، لكنها لا تعرف البيت تحديداً، وأنها في انتظاري على الشارع الرئيسي أمام قاعة سيد درويش.

أحاول أن أتماسك وأنا أطلب منها الانتظار، فبعد دقائق سوف أكون أمامها. من المؤكد أنها صديقه مجنونة!!

هالتني ابتسامة استقبالها، ابتسامتها التي تشبه الحضن، ذكرتني بقصة حبي العظيمة أثناء الجامعة، كانت مبتسمة وتنتظر لي رغم ضجيج الشارع وزحامه، وكأنها تقول لي: إيه رأيك؟ وتكمل الصديقة الجديدة: أليس الرابع من نوفمبر هو تاريخ قصة حبك القديمة الآن؟

حاولت عدم التفكير فيما تخبرني به، وحاولت أكثر أن أطل في الفراغ بعيداً عن نظرات عيونها الثابتة على عيني، لكني فشلت!

حركاتها الطفولية، وابتسامتها، وعدم ثباتها أثناء الحديث، ذكرني بابنتي يسر، طلبت أن نجلس في مكان كي نتحدث، رغم أنها لم تصمت طوال الدقائق التي ذهبنا فيها إلى مقهى قريب من البيت، إلا أنها كانت تتحدث بحميمية أفتقدها، تسأل عني وعن والدتي، تسأل أسئلة كنت أبحث عنها من أشخاص آخرين، لكنها تسأل وكأنها تعرفني من زمن بعيد، تخبرني أنها التقت بي في حيوات أخرى، وأن الخذلان والفقد والحزن الذي يظهر على عيوني، شيء قديم، وأنها دائماً تظهر لي عندما أشعر بخيانة تمت من أقرب الأشخاص لي، أخبرتها أنني لم أعد أنجذب للبدايات، حتى لا أقابل بفقد عظيم في النهايات، تخرج لي الهاتف المحمول وأجد صورة ابنتي عليه، تخبرني أنها أحبت ابنتي حباً عظيماً من علاقتي بها، وأنها تمنت أن يكون والدها أو حبيبها يتعامل مثلما أتعامل مع ابنتي، تخبرني أيضاً بأنها قد أحضرت لابنتي

هدية صغيرة، تخرج الهدية من حقيبتها، عروسة صغيرة في حجم الإصبع.

العروسة تشبه كثيراً من العرائس التي كنت أشتريها لابنتي وأضعها أسفل وسادتها لتجدها عند استيقاظها، فتخبرني ابنتي بسعادة عظيمة بأن "جنية الأسنان" هي من أرسلتها، أتذكر كَمّ الألعاب والملابس التي اشتريتها لابنتي، ولم ترها أو تستخدمها بسبب بعدها عني، ابنتي التي تشبهني في تصرفاتها وحركاتها، والتي تضع ساقا على ساق مثل جدها مستجاب أثناء النوم، ابنتي التي أراها على هاتف صديقة تبدو لي منطلقة أكثر من اللازم.

فجأة تخرج لي الصديقة الجديدة أحد كتبي، وتطلب توقيعي عليه، أشعر ببعض السعادة، وأتذكر الكتابة، وأنه يجب أن أرمم روحي التي قسيت عليها طوال هذا العام، روحي التي هاجمها الحزن والاكتئاب بشدة كما ذكرت لي الصديقة الطبيبة النفسية منذ عدة شهور.

شعرت بأن الصديقة الجديدة قد خرجت فجأة من قمقم الزمن، لا تكف عن ذكر أشياء حقيقية لحياتي، وتردد خلف كل عبارة "هذا حدث لك في حياة أخرى".

كلماتها شجعتني على الابتسام، وقلت لها كي أنهي حديثها: هل تزوجنا في حياة أخرى؟

تنفجر الصديقة الجديدة في ضجة صاخبة تجعل العالم كله ينظر إلينا، وتذكرني بضحكتي الصاخبة التي كانت تشبه ضحكة مارد يخرج من قمقم، ولم أعد أضحكها!

تقول: للأسف لا! نحن أصدقاء فقط، نرمم أرواح بعض، نخبر بعض ―رغم البعد― بأنه يوجد من يسأل علينا.. أضحك وأخبرها أن كل هذا هراء، لكنها لا تتوقف عن مفاجآتها.

تخبرني بأن هاتفي سوف يرن بعد لحظات، لكن لا اتصال يأتي بل رسالة من صديقة وكاتبة كبيرة، تطمئن على والدتي، وتخبرني بأنها تريد أن ترسل لي مبلغاً من المال لمساعدتي في علاج والدتي.

أنظر للصديقة الجديدة، وأبتسم، لأنني يجب أن أتركها الآن لتأخري عن والدتي، لكنها لا تريد أن تركب السيارة التي طلبتها، تريد أن أظل واقفاً معها، أحاول الهرب منها، أريد أن أعبر الشارع للذهاب لبائع الجرائد، تصمم أن تعبر معي، تمسك يدي، تذكرني بابنتي التي تحب دائماً قبضة يدي عليها، قبضة يدي التي لا تشعرها بالخوف بقدر شعورها بالأمان، أقف عند بائع الجرائد، أطل على المجلات، لكن الصديقة الجديدة، تطلب ما كنت أفكر فيه، مجلة ماجد وعلاء الدين وناشيونال جيوغرافيك، أنظر لها بعدم تصديق، تقول تلك المجلات لابنتك، لكني لا أعرف ماذا تريد من جرائد أو مجلات.. آخذ من يدها المجلات، وأصمم أن تتركني، تجدني غاضباً، لكن ابتسامتها تهدئ من تطفلها وعدم تصديقي لما يحدث، أشير لسيارة أجرة، وأضعها فيها، تركب في المقعد الخلفي وتدير رأسها وتشير لي بيدها، ثم ترسل قبلة في الهواء.

أستدير عائداً للبيت في ارتباك شديد، ألقي المجلات على

المقعد، وأطمئن على أمي، والتي كانت تريد بعض الماء، أمد لها الأنبوب كي تشرب، تخبرني بأنها شعرت بمجيء أحد للبيت أثناء غيابي، أضحك مع أمي وأنا أضع عليها الغطاء، وأخبرها بأن أحداً لم يأت، تقول بصوتها الخافت: جاء أحد، قلت ربما تكون تهيؤات أمي التي تنتابها كثيراً من كثرة الأدوية ومن شدة الألم.. ورغم فقد بصرها، إلا أنني ربّت على رأسها وقلت لها: حاضر.

تركت أمي ودخلت لإعداد كوب شاي، لكن أثناء تبديل ملابسي وجدت حقيبة بها جاكتا جديدا وباكو روق أبيض ومجموعة من الأقلام، منذ مدة لم أشتر شيئاً لنفسي، حتى أشيائي التي كنت أعتز بها، صارت نهباً لامرأة دخلت حياتي ذات يوم، وسخرت من ملابسي ونظافتها أو ترتيبها في الدولاب.. أقوم بارتداء الجاكت، أجده مقاسي تماماً وعلى وزني الجديد بعد أن فقدت كثيراً منه في الفترة الماضية، أحاول أن أعرف من جاء أثناء غيابي للبيت، لكن أمي تعود لتخبرني أنها شعرت بأن أحداً قد جاء، لكنها لم تره.

قلت لأمي ربما تكون "جنية الأسنان"، وابتسمت ودخلت الشرفة وجلست أتابع الليل والسماء، تناولت الهاتف لأتصل بصديقتي الجديدة، لأخبرها بما وجدت في البيت بعد عودتي من لقائها. لكني أجد رقمها، قد تلاشى من هاتفي كما تلاشت صفحتها من الفيس بوك.

الشيء الوحيد الذي لم يتلاشَ؛ هو قبلتها التي أرسلتها لي، والتي لا تزال حتى الآن ترمم روحي، والعروسة الصغيرة التي في حجم الأصبع؛ والتي تذكر ابنتي بأن جنية الأسنان لم تنسها وتنتظرها.

عمرة مقبولة

أمي ليست لها أمنيات..

لم أرَها تطلب شيئاً مطلقاً، أو تتمتم بينها وبين نفسها بأمنيةٍ ما، أو تبوح برغبةٍ ما في صدرها؛ بينها وبين أخوتي البنات. راضيةٌ تماماً، لا تريد غير الستر من تلك الحياة، وأن تزوج أولادها الأربعة، خاصة الفتيات، فتقول دائماً "جواز البنات سُترة".

بررت ذلك بأن أبي هو السبب؛ أبي المعنى الصادق لـ"سي السيد"، فطلباته وتعليماته تشملنا جميعاً، نُلبي ما يريد حتى قبل أن يطلبه، ولو كان ضد رغبتنا؛ هو قبطان السفينة الذي لا يناقشه أحد.

على العكس من أمي.. يسافر أبي ويتحرك ويسهر بحرية، ولم يحدث ـولو لمرة واحدةـ أن طلبت أمي الذهاب معه إلى أي مكان، حتى عندما يخبرها برغبته في سفرها معه، كانت تصمت، فقط تبتسم وتقول "وهاسيب العيال لمين؟! تروح وترجع بالسلامة".

بعد وفاة أبي، بدأت أمي تخبرنا بأمنياتها، ولكن تخبرنا بها على طريقتها، لا تخبرنا أو تطلبها مباشرة، ولكنها تدس الأمنية وسط حديثها، أو أثناء تعليقها على أحداث أحد المسلسلات. لا أعلم كيف ظلت تلك الأمنيات القليلة والبسيطة حبيسة صدرها، وكأن موت أبي هو السبب في خروجها أو حتى التفكير فيها، أخبرتني ذات مرة بأمنيتها في الذهاب معنا للمصيف، قبل ذلك كانت ترفض بشدة، متعللةً بأنها تريد أن تتركنا على حريتنا، ولا تريد مضايقتنا بوجودها، فأخذناها معنا لقضاء عدة أيام في الإسكندرية، كانت المرة الأولى التي تشاهد فيها البحر من مدة كبيرة، أعجبها جداً لدرجة أنها لم تفارق رمال الشاطئ، وتركت المياه تداعب قدميها ونصف جسدها وهي جالسة ممسكة بيوسف ابن أختي، وكأنها تعوض سنوات كانت تراودها فيها هذه الأمنية.

كانت هذه بداية كثير من الأمنيات التي أخبرتنا بها لاحقاً، أمنيات سهلة التحقيق، كدهان الشقة بألوان جديدة، ورغبتها في تليفزيون وريسيفر جديد شاهدته عند أحد الأقارب، وأمنيتها الدفينة في تحويل غرفة نوم أبي إلى غرفة بها أنتريه بمقاعد ضخمة وأريكة كبيرة، بدلاً من الطقم الأسيوطي الذي كان يحبه أبي.

ظلت لأمي أمنية غالية وصعبة المنال وهي أن تذهب للحج، وأن تقَبِّل الحجر الأسود، وتلمس بكفيها شباك مقام النبي صلى الله عليه وسلم، لكنها لم تطلب ذلك صراحةً، لعلمها صعوبة أو استحالة تحقيقه بسبب ظروفنا الضيقة، إلى أن تضاءلت أمنية الحج وصارت مجرد عُمرة. لم تكن أمي تهتم بأن يطلق عليها لقب "الحاجّة"، كأُمِّ سعيد التي ذهبت إلى الحجاز وغضبت من

جارتها "أبلة زينب" عندما نادتها ذات مرة ذات باسمها مباشرة دون لقب الحاجَّة، وقالت وهي تقف على السلم -وكأنها تريد أن يسمع جميع سكان العمارة صوتها- تأكيداً لحصولها على ذلك اللقب صعب المنال: "أنا ملِّست بإيديَا دول على الحجر الإسود، وبُست قبر الرسول، ومسحت دموعي في ستارة الكعبة الشريفة".

لم يكن يعني أمي أيُّ شيء من ذلك، حتى عندما كان بعض النساء يخبرنها بأن بيتنا يمتلئ بالشياطين ولن تدخله الملائكة، لأن كل جدرانه مزينة بالكتب واللوحات والصور، لا تكترث بقولهن؛ حتى إن أكد ذلك أخي الأكبر.

وكان أول ما فعلته أمي بعد رحيل أبي، هو نزع كل الصور واللوحات عن الحوائط، وأضافت إليها الكتب وسلمتها لأول بائع روبابكيا يمر عليها، وبعد كفاح مرير في النقاش مع البائع، عاد بعد ساعة بعربة أكبر كي يحمل مكتبة أبي ولوحاته وصوره، نجحت أمي في أن تكسب ثروة عظيمة لم تتجاوز مائتَيْ جنيه عن كل البهجة والحياة التي طالما زينت جدران شُقتّنا الصغيرة. لم تترك أمي أي صورة تذكِّرُها بشكل حياتنا الماضية.. حتى صورة أبي الكبيرة التي تستقبلك بمجرد دخول الشقة، جددتها وعلقتها في غرفته التي صارت مغلقة دائماً، بعد أن وضعت فيها الأنتريه ذا المقاعد الضخمة.

ذات يوم اكتشفنا أن لأمي أمنية ليست صعبة أو مكلفة كالذهاب للحج، بل كانت أمنية غريبة علينا، تحقيقها سهل لكنها غريبة، أرادت أمي اقتناء صورة للسيدة العذراء، تلك التي تظهر فيها

وهي تضع غطاءً أبيضَ مائلاً للزرقة على رأسها، في شكل ملائكي وبين يديها المسيح طفلاً.

يعمل أخي الكبير مدرساً، يخرج كل يوم لعمله بعد أدائه صلاة الفجر، يفتح المسجد المجاور لمسكنه، ثم يؤذن ويقيم الصلاة، وكثيراً ما شكاهُ سكان الحي بسبب غلظة صوته وخشونته في الأذان، يخرج لعمله بعد الفجر ولا يعود إلى بيته إلا بعد أذان العشاء، حينها تضع له زوجته ـأو أي من بناته ـ الطعام، فيأكل ويحمد الله ثم ينام، مبتعداً عن المشكلات والعيال وضجيج الحياة اليومية، ويكفيه ما يراه طوال اليوم من تلاميذ المدرسة التي يعمل بها، أو من مشكلات ولؤم وخبث الموظفين في لجان الامتحانات التي يذهب إليها بعد مواعيد المدرسة، كمنحة تدرُّ عليه مبلغاً لا بأس به يعينه على مشقة الحياة.

رغم ابتعاده عن أي مشكلات عائلية، غضب من أمي عندما علم بأمنياتها الغريبة أثناء زيارته الأسبوعية لها بعد أدائه صلاة الجمعة في مسجد قريب من بيتها، لأن المسجد مكيف، وهو بذلك ينال الثوابين؛ ثواب صلاة الجماعة وثواب زيارة أمه العجوز، وحذرها بنبرة فيها شيء من صوت أبي، الذي كان يرتدي جلبابه أيضاً في ذلك الوقت: "بلاش تخاريف، حرام عليكِ إحنا مش نصارى، وبعدين خلي البيت فاضي علشان الملايكة تسكنه، الحمد لله إنك عرفتِ ترمي الصور والحاجات اللي كانت موسخة الحيطان. الله يرحمه أبويا بقي".

لم يدهشني رد فعل أخي الكبير، دهشتي الحقيقية كانت من

ذكره كلمة "نصارى" بدلاً من مسيحيين، وهو لفظ لم أكن أسمعه إلا نادراً، وكأنه يريد بهذا اللفظ أن يقطع السكة على أمي في تحقيق أمنيتها. غضبت أمي من أخي، وحزنت جداً، فأمنيتها ليست صعبة التحقيق لكنها صعبة التنفيذ، ولم تكن تعتقد أن يكون رد فعله بهذه القسوة.

أمي التي تبدلت بعد رحيل أبي، تشعر بأنه لن يقف أمامَها شيءٌ في تلك الحياة، وكأنها تريد أن تسترد من الدنيا ما سلَبَهُ رضاها وصمتُها في حياة أبي.

أم مينا.. الجميلة المبتسمة دائماً، تسكنُ آخر طابقٍ بالعمارة المقابلة لنا، وهي من صديقات أمي المقربات، موظفة ذات هيبة تعمل في إحدى المصالح الحكومية، في الثامنة صباحَ كل يوم تأتي لها سيارة خاصة بسائق، لتقلها إلى العمل وتعود بها في الرابعة تماماً.

عند وقوفنا في شرفتنا، نرى صورتين للسيدة العذراء في الغرفة الداخلية لشرفة أم مينا، إحداهما للسيدة العذراء بمفردها، والأخرى للسيدة العذراء تحمل طفلاً صغيراً، وكانت حواف الصورتين تضيءُ عندما تظلم الغرفة، تضيء بملامح مريمَ العذراء في ردائها الأبيض المائل للزرقة بطرحةٍ تهبط على جانبي جسدها، ويضيء معها وجهُ الطفلِ المعبِّر عن السيد المسيح عليه السلام. كانت الصور تشعرني بالراحة والسكِينة، لكن أخي الكبير كان يخيفنا دائماً بقوله "الشياطين ساكنة الصور دي، وفي يوم الشيطان هياكل أم مينا، هي وولادها".

أشعر بالضيق لأنْ يلتهمَ الشيطان أمَّ مينا الطيبة، وهي التي لم تفعل لنا شيئاً، نظيفة وهذا واضح أيضاً من غسيلها الذي تنشره بترتيب ونظام محدد مثل أمي، وكانت أمي تردد دائماً "أنضف غسيل بعد غسيلي.. غسيل أم مينا، بتعرف تزَهَّر البياضات". أشعر بالأسى على أم مينا، وأفكر.. لماذا هي مسيحية ونحن مسلمون؟ كنتُ الولدَ الوحيدَ في عمارتنا الذي يذهب للعب مع ابنها مينا، رغم أنني كنت أكبره بثلاثة أعوام، يمتلك مينا ألعاباً غالية، ولديه درَّاجة جميلة ومميزة بلونها الأزرق ومقعدها الأحمر، وجرس صوته مبهج، ولا يرفض عندما أطلب قيادتها.

جميع نساء عمارتنا يُحَذِّرْنَ أولادَهُنَّ من الأكل أو اللعب مع أولادِ أم مينا، كنت أرى دائماً البسكويت والحلوى التي ترسلها أم مينا في أعيادها لنساء عمارتنا ملقاةً في صناديق القمامة، إلا أمي؛ كانت تقول عليهم "دول اخواتنا"، ولا أنسى ذات مرةٍ عندما سمعتُ أبلَةْ سُميَّة وهي تضرب ابنها بقوة لأنها وجدته يأكل من بسكويت أم مينا الذي وزعَتْهُ علينا في إحدى المناسبات الدينية لهم، ضربته بخرطوم أنبوبة الغاز وقالت له "تولع في نار جهنم إن شاء الله يا طفس". كنت سعيداً بأن أم مينا صديقة أمي المُقرَّبَة، وبأن سكنها في هذا الطابق المرتفع كان رحمة لها بعيداً عن نساء بقيَّة عمارتنا حتى لا تلقاهُنَّ، رغم ابتسامتها المميزة.. ورغم أننا لم نَرَ منها ما يضايقنا.

أفصحَتْ لها أمي ـذات يوم عبر محادثتهما من البلكوناتـ عن أمنيتها في اقتناء صورة للسيدة العذراء، ضحكت أم مينا في طِيبة وحبٌّ، كانت الصورة التي تريدها أمي معلقةً على جدار

الغرفة المُفضِيةِ إلى الشرفة، وكانت أمي تشاهدها من شرفتنا، لم تنتظر أمُّ مينا.. خلعت الصورة عن جدار غرفتها -رغم رفض أمي- وغلفتها بورقِ جرائدَ وشريطٍ لاصق حتى لا يراها أحد، وأرسلت ابنها الصغير مايكل هابطاً من الطابق السادس وصاعداً إلينا في الطابق الخامس.

فرحت أمي بتحقيق أمنيتها، ووضعت الصورة مكان صورة أبي، كي تستقبل السيدةُ العذراءُ كلَّ من يدخلُ الشقة بملامحها الشفيفة الحانية، وكان يمكن لأمي في حركتها في الشقة أن ترى العذراء، أو تراها وتتابعُها العذراءُ كما كانت تعتقد، اكتشفتُ أنها تحدِّثُ صورة العذراء، ولا تحدثها إلا في أمر واحد.. هو تحقيق أمنيتها في الذهاب للعمرة، ورغم أن أمي نشأت في حيِّ "السيدة زينب"، وكان بجوار بيتهم القديم مسجد "السلطان الحنفي"، الذي به بئر ماء يقال إنك إذا شربتَ منها تحققت أمنيتك، فهذه البئر يقال إن مِياهِها تأتي من مياه بئر زمزم.. رغم ذلك لم تلجأ أمي إليه قطُّ، وظلت أمنيتها معلقةً بينها وبين صورة العذراء.

غضب أخي الكبير من أمي عندما شاهد صورة العذراء مريم، ثار وحاول إزالتها وتحطيمها ليضع مكانها صورة أمي التي جاء بها بعد تكبير حجمها ووضعها في إطار غالي الثمن، لكن أمي رفضت بشدة، وغضبت منه قائلةً له وهي تطل ناحية صورة العذراء وتعدِّل وضعها على الحائط "إنت بتصلي صحيح لكن مش فاهم حاجة.. دي أم النور تدبر الأمور". واعتاد أخي بعد ذلك عند زيارة أمي أن يدخل الشقة وهو ينظر إلى الأرض حتى لا تصطدم عيناه بصورة العذراء.

رغم الصداقة القوية بين أم مينا وأمي.. لم تدخل بيتَنَا إلا مرتين! مرة عند تعبِ أختي الصغرى -الذي حُجِزَتْ بسببه في القصر العيني لمدة عامين- وحينها جاءت ودسَّت في يد أمي ظرفاً به مبلغٌ من المال، والمرة الأخرى عندما جاءت للتعزية والمواساة في وفاة أبي.

ذات يوم جاءت أم مينا إلى أمي لزيارتها، جاءت بابتسامتها الطيبة الحانية، تمسك في يديها ظرفاً كبيراً بُنِّيَّ اللون عليه شعار واسم المصلحة التي تعمل بها. تسارعت دقات قلب أمي دون أن تعرف السبب، ولم تفهم سببَ الزيارةِ المفاجئةِ، ولم تقابل ابتسامة أم مينا إلا باتساع من الدهشة في عينيها، وظلت تنظر ناحية صورة العذراء على الحائط، معتقدة أن أمَّ مينا جاءت لاسترداد الصورة. كل ذلك لم يبدده إلا ابتسامة أم مينا في وجه أمي وهي تقول لها "مبروك يا أم حمادة.. عمرة مقبولة إن شاء الله".

لم تجد أم مينا من أمي إلا صمتاً أحالَهَا إلى تمثال فرعوني وقد نُقِشَتْ على وجهه ابتسامةٌ شفيفةٌ لا يُعرف لها سبب. وأكملت أم مينا وهي تخرج الأوراق من الظرف الرسمي الذي تحمله "ماتستغربيش يا أم حمادة.. إنتِ وقع عليكِ الدور في العمرة". لم تكن أمي تعي شيئاً مما يقال، فأكملت أم مينا وهي مبتسمة لأمي الساهمة كتمثال.

كانت أم مينا قد وضعت اسمها في "كشفِ المصيف" في الهيئة التي تعمل بها، والساعي الذي أعطته الورقة باسمها "لم يأخذ باله" ووضعها بالخطأ في صندوق السفر للعمرة بدلاً من

صندوق المصيف، وقد أصابها الدور، هذا كل ما حدث. كانت أم مينا تتحدث في سعادة كبيرة "لا تقلقي من مصاريف السفر، فهي عمرة بالتقسيط سيُخصم ثمنُها من الراتب على عدة شهور.. لذا فإن كل شيء ميسر في هذا الأمر، كل ما سنفعله هو تغيير الأسماء فقط، وها هي ذي الأوراق كي تجهزي نفسك للسفر للعمرة بدلاً مني".

بدأت أم مينا تضحك بشدة، وظلت أمي جالسة ساهمة في سكون، إلى أن انتهت أم مينا من ضحكاتها وكلامها، ثم بدأت ترفع رأسها ببطء شديد وبالتدريج وتنظر ناحية صورة العذراء المعلقة في مدخل الشقة، وقالت في صوت حاسم "مش قلت لك يا عدرا هو مش فاهم حاجة! أنا قلت له أم النور تدبر الأمور".

حضـن

في ذاكرة كل منا (أمنا الغولة) التي كوّنها في خياله. بمجرد أن يطلق هذا اللقب تأتي صورة امرأة محددة في ذاكرته. بالنسبة لي لم تكن (أمنا الغولة) أبلة عواطف مُدرسة الرياضيات، التي لم أكن أفهم منها شيئاً بسبب صراخها الدائم بصوت رجالي مميز، لا يتناسب مع جسدها الرفيع الطويل. ولأنها كانت ترتدي الخمار ذا اللون الرمادي دائماً ولا تغيره، مع نظارة سميكة العدسات "قعر كوباية" ـكما يقولونـ كانت تصيبني برجفة منذ دخولها الفصل.

أيضاً لم تكن (أمنا الغولة)، الحاجة فاطمة، زوجة صاحب العمارة التي نسكن فيها، التي تدمغ ذقنها بوشم من ثلاث علامات، وعندما تفتح فمها ضاحكة، كانت العلامات الثلاث مع أسنانها المحطمة تصيبني بالرعب والفزع، وكانت تهوَى الجلوس في ظلمة بئر السلم لمراقبة من يأتي ومن يخرج من العمارة؛ متعللة بأنها تحرس بيتها من الأغراب، لكن الحقيقة أنها كانت تريد معرفة ما يشتريه سكان العمارة، وما تحمله حقائبهم أثناء عودتهم من السوق.

وحتى عمتي رابعة لم تكن (أمنا الغولة)، فهي أخت والدي الكبرى، وكانت كجبل يسير على الأرض، طويلة كوالدي، ورداؤها الأسود لا يغادر جسدها، وعندما تقف لصلاة الفجر في غرفة الخزين ـالمظلمة دائماً ببيتنا في بلدتناـ أشعر بأنها لا تصلِي، بل تمص دماء أحد الأطفال الذين خطفتهم وقت الغروب.

(أمنا الغولة) بالنسبة لي كانت أم عبد النبي، هذا اسمها، ولا أحد يعرف لها اسماً آخر، أم عبد النبي تسكن في البيت المقابل لنا، هو بيتها ويعيش معها ابناها، كلٌّ مع زوجته، الابن الكبير أحمد، يسكن في الطابق الثاني ويعمل سائق تاكسي، والابن الصغير "جمعة" يسكن في الطابق الأرضي ولا نعرف له عملاً، ولم أر أيّاً منهما ذات يوم يقف معها، أو يتكلم معها، كما لم نر مطلقاً ابنها عبد النبي هذا، رغم أنها لا تُعرف إلا باسمه هو.

أم عبد النبي تسكن في شقة وحدها في الطابق الأخير من بيتها، شقة على الطوب الأحمر دون بياض أو محارة أو حتى شبابيك تحميها، شقة لا توجد بها أي قطعة أثاث أو لمبة إضاءة، وكنا نرى بداخلها الكثير من الكراتين والصفائح وصرر القماش المربوطة وحقائب بلاستيكية ممتلئة بأشياء لا نعلمها. ليس لها موعد محدد للظهور، تظل مختفية لأيام، لدرجة نعتقد فيها أنها ماتت، ثم تظهر فجأة في بلكونتها وتبدأ في إمطار الشارع بالطوب والزجاجات الفارغة، وهي تصرخ بشدة في الفراغ، تصرخ وكأن أحداً يريد قتلها أو سرقتها، تتعارك مع حشد من الناس لا نراه أيضاً، وكانت أم عبد النبي تحمّل لسانها دائما بالشتائم القبيحة التي تجرح أذني وآذان جميع النساء، ومع ذلك

كن يستمعن وهن يضحكن عندما تبدأ وصلة السباب والشتائم كل فترة، خاصة عندما تمثل السباب بأصابع يديها وذراعيها، وكأنها تؤكد قسوة الشتائم وقدرتها على طعن من لا نراهم.

لم نكن نعرف سبب شجارها، أو مع من تتشاجر وهي تلقي بالأشياء من البلكونة، تتعارك مع أشخاص وهميين وهي تصرخ دائماً: "عايزين يسرقوني، عايزين يقتلوني". في تلك الأثناء لا يكون علينا ـنحن سكان الشقق في العمارات التي تقابلهاـ إلا أن نغلق شيش البلكونات والشبابيك، والتلصص عليها من ورائها؛ خشية أن يصيبنا شيء مما تلقيه، حذرتني أمي ـأكثر من مرةـ من سماع شتائم أم عبد النبي للبشر الذين لا نراهم، وتوعدها الدائم لهم، وكانت تعقب بأنهم لن يقتلوها، بل هي التي ستقتلهم وتشرب من دمائهم.

الوقت الآخر الذي تظهر فيه أم عبد النبي، كان كل يوم وقت الغروب، تخرج من بيتها، بوجهها الأبيض الذي يدل على جمال قديم مضى، تسير بجسدها الضئيل وهي تمسك طرف جلبابها الأسود بيدها اليمنى وطرحتها المحكمة على رأسها، وتسير رافعةً ذراعها اليسرى أمامها وكأنها تستعد للدخول في معركة مع أي أحد يأتي في طريقها، رغم أنها لا تتحدث مع أحد، ولا تلقي أو تتلقى السلام من أحد، حتى عم محمود البقال الذي كان دائماً يريد أن يضايقها مازحاً، فيلقي عليها السلام ويسألها: "رايحه فين؟"، لم تكن تطل ناحيته أو ترد عليه، وإن كانت أحياناً تسبه أو تشتمه دون أن تنظر ناحيته؛ فيضحك من يقفون أمام دكانه.

أم عبد النبي التي تخرج كل يوم وقت الغروب، لا يراها أحد وهي عائدة، وقد قالوا الكثير عن خروجها المنتظم غير المعلوم هذا، فقيل إنها تمارس الشحاتة؛ لذا فإن كل الكراتين والصرر والأسبتة والحقائب التي في شقتها المظلمة مكدسة بالنقود، وهذا هو السبب في أنها لا تتحدث مع ولديها أو زوجتيهما خوفاً من سرقتهم لها، والبعض يقول إنها تذهب لزيارة قبر زوجها في منطقة الدراسة لأنها كانت تحبه جدّاً ولم تتزوج بعده.

ما حدث في تلك الليلة الشتوية هو ما جعلني أرى أم عبد النبي "أمنا الغولة"، فقد كنت أذاكر استعداداً لامتحانات الشهادة الإعدادية، وقد بدأ الشتاء ينسحب ببطء تاركاً الصيف لاعتلاء العالم، خرجت للبلكونة لتتنسم بعض الهواء، وتحريك جسدي الذي تيبس من جلسة المذاكرة، كانت البلكونات أمامي خالية تماماً من أي شخص، النسيم رائق ولا يعكر ذلك أي صوت، حتى تواشيح الفجر في المسجد القريب لم تكن قد بدأت بعد، وكان القمر بدراً، ويغرق كل تلك البلكونات وواجهات العمارات والبيوت التي أمامنا باللون الفضي اللامع الذي أحبه وأتخيل فيه الكثير من الخيالات؛ فكنت أفرد كف يدي لأرى انعكاسها على حائط البلكونة بأشكال مختلفة، وأثناء لهوي واستدارتي، وجدت أمامي (أمنا الغولة) جالسة في شرفة أم عبد النبي الخالية، وجدتها فجأة، ويبدو أنها كانت نائمة في أرض البلكونة بحثاً عن بعض النسيم، وقد نهضت وهي جالسة وفكت طرحتها، لأجد شعرها النحاسي -بل الذهبي اللامع- على كتفيها مع وجهها الأبيض الذي ظهر رائقاً ومتناسقاً وكأنه تمثال شمعي سقط عليه ضوء القمر

فجأة، شعرت برعب يلفني، فكدت أسقط من البلكونة خوفاً من أن تراني وتخطفني وتلتهمني أو تمص دمائي.

تراجعتُ في فزع للخلف وأنا أسير على أطراف أصابعي خشيةَ أن تراني، أغلقت البلكونة في هدوء، وقلبي ينتفض خوفاً، وإن كنت أتساءل لماذا تسجن (أمنا الغولة) شعرها الذهبي الجميل هذا؟!

بعد تلك الواقعة بعدة أيام، وأثناء عودتي ليلاً بعد الساعة الثامنة من أحد الدروس عند زميلتي "وفاء" استعداداً للامتحانات، كان الطريق غارقاً في أوحال مطر سقط فجأة، وكانت الأضواء الهزيلة التي تأتي من واجهات الدكاكين، تجعل الجو مغبشاً، وكان الطريق خالياً تماماً من المارة، حتى مقلة عم "عبد الراضي" التي نشتري منها اللب الأبيض الجميل، كانت مغلقة وواجهتها مطفأة، حاولت أن أسير مسرعة للعودة وقد اعتراني بعض القلق والخوف من هذا الجو المتقلب الذي يشعرني بأن شيئاً ما سيحدث.

وفعلاً شعرت بمن يسير خلفي، ويكاد يلحق بي، لم أستطع أن أستدير برأسي من شدة الرعب، وشعرت باقتراب شيء منيَ بقوة، وإذا بصوت لهاث كلب أسود يقترب مني، يمسكه شاب يحاول اللحاق بي ومطاردتي به، كنت أتعثر بشدة، وبرك المياه في الشارع تربك سيري بحثاً في الضوء الخافت عن المنطقة التي يسهل فيها السير. وأثناء محاولتي القفز من فوق إحدى البرك الصغيرة، التوتْ ساقي، وسقطتُ ووقع اكلاسير أوراقي، واتسخت ملابسي وشعرت بأن الكلب سوف ينهشني بلا رحمة، والشاب يضحك على سقوطي المفاجئ، في هذه اللحظة -مثلما

حدث في البلكونة منذ عدة أيامـ ظهرت (أمنا الغولة) وهي ممسكه بيدها اليمنى طرف جلبابها، وباليد الأخرى زجاجة ألقتها على الشاب وهي تسبه وتشتمه، فلم يكن أمامه إلا أن يجذب حزام كلبه ويفر هارباً بسرعة شديدة، ثم مدت (أمنا الغولة) يديها لي، وأخذتني في حضنها ومالت بيديها ملتقطة اكلاسير الورق وهي تمسح الطين عن ملابسي وعن الكلاسير بجلباها الأسود المتسخ دائماً، وهي تقول: "حصل خير.. مشى ابن الكلب".

كان صوتها ناعماً وهامساً، ليس كصراخ أبلة عواطف مُدرسة الرياضيات، ولا معدنيّاً حادّاً كصوت عمتي رابعة، وكان وجهها الأبيض رائقاً وجميلاً وليس مفزعاً كوجه الحاجة فاطمة. ربتت (أمنا الغولة) على كتفي وساعدتني في النهوض من الأرض، وظلت تحمل الكلاسير وهي تقول بصوتها الذي لا ينسى: "ما تخافيش يا ضنايا.. والله لأوصلك لحد حضن أمك".

ونس

"الست اللي تتجوز بعد موت جوزها.. ست وحشة"!

بعد موت الحاج حفني عادت زوجته "أم محمود" إلى بلدتهم في الصعيد، جاء إخوتها وأخذوها معهم هي وأولادها بعد مراسم العزاء، أبلة سميحة جلست تربي أولادها الثلاثة بعد رحيل عم عبد الله ولم يُسمع لهم حس، وحتى زوجة عبده رجب التي لا نعرف أسماء أولادها، ولا تتحدث مع أحد من العمارة، بعد وفاة زوجها، استطاعت ـبمؤهلهاـ العمل في أحد البنوك ولم تتزوج.

أبلة زينب، عندما رحل زوجها الأول ـولا أتذكر اسمهـ ترك لها ثلاثة أطفال يكبرونني بعدة سنوات، ذات يوم جاء أعمامهم وأخذوهم بعد مشاجرة كبيرة معها.

أبلة زينب جميلة، ممتلئة وقصيرة ووجهها مستدير ولها غمازتان في وجنتيها، ترتدي ملابس مبهجة دائماً، نرى ذلك وهي تنشر الغسيل، تضع طلاء أحمر في أظافرها دائماً، ولا تغطي شعرها، وتغسل ملابسها بماء الورد الذي تتصاعد رائحته وأنا أقف في شرفتنا بالدور العلوي.

بعد فترة من وفاة زوجها الأول، جاءت أبلة زينب تتحدث مع أمي، وتطلب أن تجلس مع أبي، فهو كبير العمارة والشارع أيضاً؛ وله كلمة مسموعة، الجميع يخشونه ويوقرونه، وعندما يصعد السلم ويطلق كحته، تغلق أي أبواب مفتوحة على السلم، ودائماً يوافقه الصواب في آرائه.

طلبتُ أبلة زينب من أبي أن يحضر معها استقبال زوج جديد لها، بصفته رجلها، رحب أبي من باب الجيرة والعشرة وسط اعتراض كبير من أمي، في تلك الليلة سمعت صوت أبي من غرفة نومه وهو يشرح لأمي سبب موافقته وأن الناس لبعضها، وترك أمي غاضبه من أبلة زينب ونام.

بعد انتهاء الترتيبات، تزوجت أبلة زينب عم مرسي، وكتب اسمه على يافطة نحاسية على باب الشقة، رجل طيب ولم نسمع له صوتاً مطلقاً، لا أتذكر ملامحه، وأول مرة أسمع اسم (السرطان) كانت برفقه الأطباء الذين يأتون لعلاجه، كرهت هذا المرض بسبب تبدل رائحة شقة أبلة زينب من ماء الورد والفانيليا إلى رائحة قاسية تقلب معدتي كلما فتحت باب شقتها، ورغم أنها كانت تمسح الشقة كل يوم بالفينيك، لكن الرائحة لم تذهب، أنجبت أبلة زينب، فتاة جميلة أسمتها رحاب، أصبحت صديقتي مع أنها في عمر أختي الصغرى.

الْتَهم السرطان عم مرسي سريعاً، وترك أبلة زينب وحدها؛ هي وابنتها رحاب، فَرحتُ أنا بسبب زوال الرائحة التي كانت تقلب معدتي أثناء لعبي مع رحاب في شقتهم. لم ترتدِ أبلة زينب

اللون الأسود كثيراً على عم مرسي، ذات يوم وجدتها تجلس مع أبي في البلكونة عند بداية مسلسل الساعة السابعة، وهو الوقت الذي يستمتع فيه بكوب الشاي الذي تعده له أمي بالزنجبيل مع قراءته الجورنال وحل الكلمات المتقاطعة، انشغلت أمي بمتابعة المسلسل بينما أذناها تتابعان ما يقال في البلكونة، وعلى وجهها وجوم كبير، وبسببه قرصتني قرصة قوية في فخذي اليسرى دون مبرر، وقد تركت آثاراً زرقاء عدة أيام، لكني لم أبكِ. في اليوم التالي، حاولت أمي أن تقف حائلاً بين رغبة أبلة زينب في الزواج مرة أخرى، ساندتها أكثر من امرأة في البيت:

ـ عندك بنت يا زينب.

ـ هتدَّخلي عليها راجل غريب؟!

ـ شوفي بكرة لما البت تكبر هيبص لها ازاي!

ولكن أبلة زينب لم تنصَع لتحذيرات أمي وباقي نساء البيت، وتزوجت. وكان زوجها الجديد أصغر منها في العمر، وكنا نسمع شتائمه لها ولابنتها رحاب كثيراً من منور العمارة، ودخان سجائره ـالتي كان يدخنها على سلم العمارة أثناء صعوده أو هبوطهـ تترك رائحة كريهة تملأ العمارة.

ذات ليلة استيقظت العمارة على صراخ شديد لأبلة زينب وابنتها رحاب، فتحت باب شقتها وخرجت شبه عارية تجري صارخة باكية ناحية شقتنا في الطابق العلوي، استقبلها أبي على باب الشقة، خلع جلبابه وغطى جسدها الذي تلون بعلامات

حمراء واضحة من أثر ضربات خرطوم أو حزام، وهبط أبي لشقتها وتشاجر مع الزوج الجديد بالفانلة واللباس، وأصر أبي أن يطلقها ويرحل من العمارة.

اجتمعت كل من أم سعيد ـالتي ترتب وتدير الجمعيات المالية لنساء العمارةـ وأبلة سميحة الهادئة التي تحفظنا القرآن في إجازة الصيف، ومديحة زوجة عم فؤاد التي لا تنجب إلا الصبيان، وأمي، وحاصرن أبلة زينب وأمرْنَها أن تكف عن الزواج، بكت أبلة زينب بشدة وهي تحتضن ابنتها رحاب وقالت وسط دموعها: "الوحدة وحشة.. وأنا ما صدقت لقيت ونس بعد المرحوم".

ولم تستمع أبلة زينب لكل نصائحهن، وتسبب ذلك في خصام بينها وبين أمي فترة طويلة، ولم يتدخل أبي لإنهاء هذا الخصام، رغم مجيء أبلة زينب لشقتنا لإنهاء فترة الزعل، إلا أن أمي لم تسامحها، وذلك بعد أن تزوجت أبلة زينب من رجل جديد، اسمه أبو هشام، سائق سيارة نصف نقل لونها أزرق، كانت تقف أسفل العمارة، ونستطيع أن نختبئ في صندوقها أثناء لعبنا الاستغماية.

عم أبو هشام رجل طيب، ولديه في جبهته زبيبة صلاة، ويرتدي الجلباب ويأتي لأبلة زينب مرة أو مرتين كل أسبوع في هدوء، ولا يشعر أحدٌ بوجوده، أبي أخبر أمي أن هذا الزواج في السر؛ فالرجل لديه أسرة وزوجة وأبناء كبار.. وقد استخدمنا سيارة أبو هشام في نقل بعض الأشياء لشقتنا الجديدة.

استراح نساء العمارة من ضجيج أبلة زينب بعد زواجها السري من عم أبو هشام، الذي كان لا يتأخر عن مساعدة أي

شخص بسيارته. وفي صباح أحد الأيام، اكتظ سلم العمارة بعدد كبير من النساء الغاضبات، طرقن باب شقة أبلة زينب، لم يكن عم أبو هشام موجوداً لأن سيارته لم تكن تقف أسفل العمارة، ضربن أبلة زينب (علقة جامدة)، ونعتْنها بـ(خطافة الرجالة): "يا مرة يا دون.. يا اللي ما بتشبعيش". ومن بعدها لم نر عم أبو هشام أو سيارته الزرقاء مرة أخرى، وهذا ضايقني لأنها كانت مخبأ جيداً لي، وبعد عدة أيام جاء أبي وهو يحمل ورقة في خطاب بني اللون وأخبر أمي أن أبو هشام طلق أبلة زينب غيابيًا، وفرحت أمي جدًا، وهي تشاهد الورقة وردت مبتسمة: "مش تتهد بقى؟!" رمقها أبي بنظرة صامتة، فلم تكمل.

تم ترتيب (قعدة رجالة) من سكان العمارة، ثم (قعدة نسوان) مماثلة من نساء العمارة، واتُّفق على عدم زواج أبلة زينب مرة أخرى، أذعنت أبلة زينب لقرارات مجلس أمن العمارة في ضيق وتبرم، ولم تشفع نظراتها ناحية أبي لإنقاذها من هذا القرار القاسي. وفرح نساء العمارة بانتصارهن على رغبات أبلة زينب، وكانت أمي أكثرهن سعادة، وتتباهى أمام نساء العمارة بحكمة أبي وقدرته على إنقاذ العمارة من هجوم لا يتوقعونه كل فترة بسبب أبلة زينب، وكانت تحكي أثناء الوقوف على الأبواب أو جلسات تسييح الزبدة عن أحاديث طويلة دارت بينها وبين أبي لإقناعه بإخضاع أبلة زينب لقرارهن، كانت تحكي أشياء لم تحدث وكان خيال أمي قد اتسع فور انتصارها على أبلة زينب.

مرت سبع سنوات لم تتزوج فيها أبلة زينب، ظلت تربي ابنتها رحاب حتى وصلت للشهادة الإعدادية.

توفي أبي، صرخنا وبكينا، ولكن كانت أبلة زينب أكثرنا بكاءً وصراخاً لدرجة هستيرية: "مع السلامة يا سندي.. مع السلامة يا راجلي".

لم تشفع الآيات المنطلقة بصوت الشيخ محمد رفعت، والصادرة من جهاز الكاسيت، ولا جمع النساء المتشحات بالسواد، من الوقوف أمام أمي التي نهضت وأمسكت أبلة زينب وضربتها وهي تردد: "يا خطافة الرجالة.. يا مرة يا دون".

فرشة أسنان حمراء
وعلبة معجون أزرق

أول مَن شاهدتها تمتلك شعراً أصفر حقيقيّاً، بعيداً عن نجمات السينما وأغلفة المجلات، سناء بنت عم أحمد بتاع البيبسي، الذي يسكن في الدور الأرضي من العمارة. سناء جميلة جدّاً؛ قمر مكتمل، طويلة بيضاء البشرة، على خديها نمش خفيف، تشعر حينما تنظر إليها أنك أمام فتاة أجنبية، عيونها رمادية متسعة في حدة، حواجبها سوداء عريضة وطويلة بشكل لافت، كأنها تريد أن تحاصر اتساع العينين، شعرها غزير وناعم حتى منتصف ظهرها، تتركه مهملاً دون تصفيفه أو لمه وربطه في ضفيرة كما تفعل أمي معي.

سناء لا تنظف وجهها مطلقاً، عندما أشاهدها جالسة، أشعر وكأنها نهضت الآن من النوم، وخرجت مباشرة لتجلس جلستها المعتادة على درجات السلم الثلاث في مدخل العمارة، ومع ذلك كانت جميلة.. سناء دائماً ما تكون أقدامها متسخة، فهي لا ترتدي شبشباً في قدميها، وكنت أحسدها لأنه لا يوجد من يعنفها كما تفعل أمي معي لو رأتني أتحرك داخل الشقة دون ارتداء الشبشب.

سناء لسانها طويل بألفاظ حادة، تتعارك طوال اليوم مع أمها، أو إخوتها أو أحد أولاد العمارة، وهي الابنة الوحيدة دون إخوتها، التي تجعل صوت أمها في الدور الأرضي يسمعه جميع السكان، وكما يبدأ الزعيق والشتائم والأدعية فجأة، تنتهي فجأة، دون أن نعرف السبب، ويعود الهدوء للعمارة، وتعود بعدها سناء للجلوس على درجات السلم في المدخل.

تمتلك سناء من القوة ما يجعلها تستطيع أن تقوم بضرب أولاد العمارة من الصبيان، تظل تتعارك معهم، حتى تسقطهم أرضاً. كانت تتلذذ عندما تمد رجلها ليقع "سيد" ـالولد الذي يحمل المكواة على قطعة كرتون لسكان العمارةـ لتضحك على سقوطه.

تحذرني أمي دائماً من اللعب مع سناء ـرغم اقتراب عمري من عمرهاـ خوفاً من حدتها ورد فعلها غير المتوقع، أو أن تشتمني بشتائم لم أسمعها من قبل، فهي تقضي معظم وقتها غاضبة على سلم مدخل العمارة، دون فعل شيء، تجلس وكأنها مصنوعة من قطعة خشب، فقط تدعو على نفسها بالحرق من حياتها التعسة، وتظل تطل من مدخل العمارة على المارة في الشارع، وعندما تشاهد أحد العيال يلعب تقوم بشتمه، أو تفتعل أي شجار مع أي مار، وعندما يمر عليها أحد من سكان العمارة ويلقي عليها السلام لا ترد، وإذا جاءت سيدة من سيدات العمارة تحمل شيئاً ثقيلاً لا تنهض لتساعدها. سناء قد ينقلب العالم أمامها دون أن تتحرك، فقط تظل تنظر لك بعيونها المتسعة وفستانها الباهت الذي لا أعرف له لوناً، لأنها لا تغيره تقريباً، لكنه يزيدها جمالاً.

ظلت سناء بالنسبة لي شيئاً مرعباً، أخاف منها دائماً، وأخشى من لسانها الطويل، أو أن تضربني لأن يديها أسرع من لسانها. لم تكمل تعليمها مثل إخوتها، رغم ضرب أمها وأبيها لها، ورغم المعهد الديني الأزهري الذي يتعلمون فيه مجاناً، "عقلها تخين كالبقرة"؛ دائما ما تقول أمها ذلك.. لكن السبب الحقيقي أن سناء اشتكى منها المدرسون في المعهد لحدتها وتعاركها الدائم مع التلاميذ.

رغبت أمي ذات مرة كنوع من المساعدة لعم أحمد بعد ترك سناء للمدرسة، أن تستعين بسناء للقيام بأعمال التنظيف في البيت أو شراء بعض الأشياء من الخارج بدلاً من جلوسها على السلم، رحب عم أحمد وزوجته، لكن سناء رفضت بحسم وقالت لأمي في حدة وهي جالسة في مدخل العمارة: "أنا مش خدامة"، ضربها أبوها بقوة، لكنها لم تنفذ ما رغبت فيه أمي.

عندما تركت سناء المدرسة أصبحت تقف في "دكان البيبسي" مكان والدها في الأوقات التي كان يتركه فيها لإنجاز بعض الأعمال، فأحياناً يعمل مبيض محارة، أو يساعد عم عوض بتاع التموين في حمل أجولة السكر والأرز، وأحياناً كثيرة كان يساعد في بعض الأعمال لسكان العمارة، لكننا لم نكن نتعامل معه كبواب للعمارة.

في أحد الأيام جاء عم أحمد بثلاجة للآيس كريم عليها رسمة (كيمو) الزرقاء الشهيرة، وقد أسعدني ذلك جدّاً. وذات يوم أرسلني أبي لشراء الآيس كريم، كانت سناء تقف في الدكان وحدها، وبعد أن اشتريت منها، ظلت تنظر لي في تحفز، دق قلبي بشدة عندما

اقتربت مني، وانتفض جسدي وخشيت أن تضربني أو تسقط الآيس كريم من يدي، فأنال العقاب من أبي أو أمي.

مددت يدي داخل الشنطة البلاستيكية، وأخرجت علبة آيس كريم وأعطيتها لها، ابتسمت سناء ـكنت لأول مرة أرى ابتسامتهاـ أخذت العلبة بعيون مندهشة وغير مصدقة، وفتحتها بشغف وألقت الغطاء وأكلتها بنهم شديد، لدرجة أنها أدخلت لسانها داخل عمق العلبة للحسها به. رغم دهشتي من طريقتها في الأكل، فقد أصبحنا أصدقاء من حينها، وأصبحت أجلس مع سناء على درجات السلم الثلاث في مدخل العمارة.

في البداية بدأت تعليم سناء كيفية التعامل مع الأشياء، وكيف تتذوق الآيس كريم وتستمتع بمذاقه، قالت لي ذات مرة إنها تخاف أن يسيح، ضحكت وقلت لها وأنا أضع ملعقة صغيرة من الآيس كريم على طرف لساني: "تذوقيه بطرف لسانك واستمتعي بمذاقه في فمك قبل بلعه". كلما أعجبت سناء بشيء معي أطلب من أمي أن أعطيه لها، ولم ترفض أمي أبداً، بدأت سناء مشاركتي أشيائي: ملابس، شرابات، لعب، لكنها كانت تستخدمها بطريقة تضايقني، وأكثر شيء كان يضايقني منها دائماً؛ عدم نظافة فمها، وشعرها المبعثر.

في أحد الأيام اشتريت لسناء من صيدلية "الدكتورة يمنى" القريبة من المنزل فرشة أسنان زرقاء وعلبة معجون أحمر كولجيت.. في البداية اعتقدت أنه للأكل مثل الآيس كريم، أخبرتها أنه ليس طعاماً، وعلمتها كيف تستخدمه، وأنها يجب أن

تغسل أسنانها بالفرشة والمعجون كل يوم صباحاً ومساءً قبل أن تنام، لتصبح رائحة فمها جميلة. أعجبت سناء به كثيراً وأحبته، وأخبرتني أن إخوتها ووالديها يسخرون منها عند استخدامها الفرشة والمعجون، وأختها الكبرى حاولت أخذه منها إلا أنها ضربتها. أصبحت أشتري لسناء علب المعجون كلما نفدت، وعلمتها كيف تصفف شعرها وتقوم بلمه في ضفيرة طويلة لتزداد جمالاً.

صارت متعتي الجلوس مع سناء على السلم في مدخل العمارة، أحكي لها القصص والحكايات التي تحكيها لي أمي أو أقرأها في الكتب التي يأتي بها أبي، أصبحت سناء تطلق عليّ لقب: "الأستاذة". كل ما تعلمته من أمي من نظام وتنظيف وكي ملابس وتوضيب فراش وترتيب ملابسي داخل الدولاب، علمته لسناء. كانت سعيدة بذلك، رغم استمرار سخرية إخوتها منها.

تزوجت سناء كأول إخوتها، أحد أقاربها من الصعيد، واختفت، وشعرت حينها أن عم أحمد يريد التخلص منها؛ فلديه طابور من الفتيات والأبناء.

آخر مرة أشاهد فيها سناء كانت ترتدي فستاناً أزرق بثلاثة ورود بيضاء على صدرها، أعطيته لها لأنه ضاق عليّ سريعاً، وكان شعرها منسقاً في عناية وقد جُمِعَ في ضفيرة طويلة بشريطة حمراء، وترتدي شبشباً بإصبع لونه أحمر، كنت قد أعطيته لها في العيد، ظللت أنا وهي نبكي لأنها سترحل لمكان بعيد، أعطيتها فرشة أسنان جديدة وعلبة معجون كتذكار.

بعد مرور عدة سنوات، اتصلت بي أمي في أحد الأيام وقالت: "عم أحمد بتاع البيبسي مات.. تعالي معايا علشان نعزي"، تعللت لها بكثرة مشاغلي، لكن أمي أصرت على اصطحابي معها للعزاء في بيتهم الذي اتخذوه بدلاً من الشقة في الدور الأرضي. المنطقة التي بها العنوان، دون أي ملامح؛ كالمناطق الجديدة التي انتشرت على أطراف المدينة، فلا هي ريف نقي ولا هي مدينة حديثة. تركت سيارتي في منطقة متسعة لضيق الشارع الذي ندخله، أمام أحد البيوت، رصت مجموعة من المقاعد في صفين يجلس عليها بعض الرجال، في مدخل البيت سماعة كبيرة ينطلق منها صوت مقرئ عربي يطيل نطق الحروف بطريقه لا أحبها.

في غرفة متسعة جدرانها على المحارة جلس بعض النسوة متشحات بالسواد، أحكمن الطرحات على رؤوسهن، جميعهن منقبات وإن أزحن النقاب عن وجوههن؛ فظهرت الوجوه غير المشذبة، إحداهن كان الزغب كثيفاً فوق شفتيها فذكرتني بشارب أخي أيام المراهقة. في أحد الأطراف على كنبة عريضة جلست زوجة عم أحمد، في جلباب أسود فضفاض، جسدها انكمش، وعيونها باكية، والحزن واضح عليها، وقد ربطت طرحة على رأسها، وفي يدها قطعة قماش تستخدمها كمنديل وتمسح أنفها وعيونها كل عدة دقائق.

استقبلتنا بترحاب وود كبيرين، وأجلست أمي على الكنبة بجوارها، بينما جلستُ أنا بعيداً عنهما، بعد لحظات، أخرجت أمي ظرفاً صغيراً من المال من حقيبتها ودسته لها، فأخذته بعد تمنع، داعية لأمي بالستر ولي بالهداية. ظلت زوجة عم أحمد

تتحدث مع أمي وهي تطل بعيونها ناحيتي، تغاضيت عن ذلك، ربما ملابسي وشعري المكشوف هما السبب. لكن نظراتها كانت مثل نظرات باقي النساء في الغرفة، كانت نظراتهن تحاصرني بملابسي غير المتناسقة مع المكان أو مع ملابسهن. امرأتان متجاورتان ظلتا تهمسان همساً خافتاً ونظراتهما لا تفارق جسدي وملابسي، وإحداهن ابتسمت ابتسامة في سخرية؛ فلكزتها الأخرى في جنبها.

كنت مرتبكة وأريد أن ينتهي صوت المقرئ كي ننهض وننصرف، لكن ارتباكي زاد عندما دخلت الغرفة؛ امرأة ترتدي النقاب ولكن لا تغطي به وجهها، حافية دون شبشب أو حذاء في قدميها، تحمل بيدها اليسرى فتاة ذات عامين تبكي وأنفها يسيل منه المخاط، وطرف نقابها تمسكه فتاة أخرى أكبر سنّاً، وفي اليد اليمني تحمل صينية عليها كوبان من الشاي.

تقدمت المرأة نحونا، ووضعت الصينية على طرف الكنبة، ورحبت بأمي بصوت نحاسي غليظ، ليس غريباً على مسامعي. الصوت جعلني أرتد لسنوات عميقة من عمري: معقول؛ هذه سناء.. أين جمالها؟ ولماذا صوتها خشن وكأنها رجل؟ هل هو الحزن على والدها؟ لماذا سجنت شعرها الطويل أسفل هذا النقاب المحكم بشدة وكأنه محاصر؟

جلست سناء أمامي على الأرض، وهي تتأمل الحذاء والبنطلون والبلوزة التي أرتديها، ثم جذبت طرحة النقاب للخلف فظهرت خصلات شعرها الأصفر الناعم، أخرجت ثديها الأيسر وألقمته

لابنتها الباكية فصمتت، ونظرت لي وقالت: "والله ليكِ وحشة يا أستاذة.. معايا تلاتة غير اللي إنتِ شايفاهم دول.. تصدقي بالله.. جوزي ضربني وسمم عيشتي علشان باغْسل سناني بالفرشة والمعجون، بيقول: السواك حلال وأرخص ومش بيكلف فلوس.. والمعجون والفرشة حرام. ولما لقاني مخبياهم وباغْسل سناني بيهم من وراه، طلقني".

ابتسامة قديمة لا تغادر الوجه الطيب

إذا جلست في أي مكان في الصالة، تستطيع أن ترى الصورة بوضوح شديد، فهي صورة لسيدة بيضاء وجهها مائل للاحمرار، عيونها متسعة ومحددة بخيط كحل خفيف، ورغم الهدوء الذي يسكنها، إلا أن الكثير من الأسئلة التي لا تعرف إجابتها تطل منها. "الصورة مبهجة"، هكذا قال كل من رآها، فهي ترتدي فيها فستاناً لونه بنفسجي ‫-وهو اللون الذي تحبه- وفي آذانها حلق مخرطة جاءت لها هدية من زوجها أيام العز -ولم تبعْها كما باعت كل ذهبها من أجل العلاج- وكانت قد صبغت شعرها بالحناء ليظهر كثيفاً، وقامت بتحديد حواجبها بعناية بالملقاط، ويبدو واضحاً في الصورة أنها ظلت تقرص خديها فظهرت في الصورة حمراء كقطعتي تفاح، فاختفى النمش الذي كان يملؤهما.

تلتقط هذه الصورة بناء على رغبتها: "عايزة أتصور صورة علشان تفتكروني وأنا كاملة وحلوة"، كانت حينها قد بدأت تتناول جرعات الكيماوي، وأخبروها في المستشفى بأن جرعات الكيماوي سوف تجعل شعرها يتساقط، وخشيت أن يتذكرها الأقارب والأصدقاء بوجهها لحظة رحيلها، أو بملامحها أثناء

رحلة العلاج، وقد تجعد وجهها وانكمش جسدها وسقط شعرها، وذلك قبل أن تقوم بتغطيته بالطاقية الصوف التي اشترتها لها أختها، فطلبت أن يتم تصويرها، وكأنها تريد أن توقف الزمن حينها، لتصبح الصورة هي الذاكرة الثابتة الحية في جميع عقول الأبناء والأسرة، فلا يتذكرون ملامحها قبلها أو بعدها.

عندما ذهبت للإستديو ـالقريب من بيتهاـ طلبت أشياء كثيرة من المصور، إصرارها على المحافظة على لمعة عيونها، وإظهار رقبتها المكتنزة، ودرجة لون خديها، ومقدمة الفستان البنفسجي الشيفون. نفذ المصور لها جميع رغباتها في سعادة، بعد أن أعطته مبلغاً كبيراً لتلبية طلبها وتحقيق أمنيتها.

السيدة البيضاء ذات الوجه المكتنز المائل للاحمرار؛ ماتت. نفذ الزوج وصيتها وحقق لها كل ما أرادت، بأن يقيم لها جنازة كبيرة وعزاءً في صوان كبير، فهي طيبة وتحب لمة الناس حتى في موتها.

في الشقة الجديدة التي اشتراها زوجها من نقود ميراثها، تصدرت الصورة الحائط الأيسر من غرفة الجلوس، ويبدو أن الزوج اهتم بالصورة وبتكبير حجمها مع المحافظة على ملامحها ونظراتها كما هي، وكما أرادت، كنوع من الولاء والذكرى وليس الحب.

الابن الأصغر للسيدة البيضاء الممتلئة؛ بدين، وفي طريقه للمزيد من البدانة، يجلس على الكنبة الخضراء، التليفزيون أمامه مفتوح على إحدى القنوات التي تعرض الأفلام الهندية

التي يعشقها، في يده الموبايل، وعلى حجره شاشة اللاب توب،
منذ الصباح يخرج الابن البدين من غرفته ويجلس على الكنبة
الخضراء، يصنع له والده الإفطار الدسم، وكوب الشاي بالحليب،
ويبدأ الابن البدين في النداء بالطلبات ويصغي والده أثناء حركته
لتلبيه هذه الطلبات، كوب نسكافيه، ملعقة سكر زيادة، شاحن
الموبايل، قراءة ترجمة الفيلم، رغم أنه يستطيع القراءة والكتابة،
ورغم مؤهله العالي الذي حصل عليه، لكنه لا يريد أن يرهق
نفسه، حتى إنه نادراً ما يرفع عينيه عن الشاشات الثلاث.

الابن البدين، الذي لم يلعب الكرة ـكأقرانه في الشارع ـ ولم
يستطع قيادة العجلة التي اشتراها له والده من البلد العربي الذي
ظل سنوات يعمل به ـذات يوم ـ حرك رأسه بعيداً عن شاشة
التليفزيون، وبعيداً أكثر عن شاشة الموبايل واللاب توب،
لتصطدم نظراته بصورة والدته المعلقة على الحائط. وظل ينظر
للصورة، ثم طلب من والده أن يخلعها عن الحائط، ويأتي بها، لم
يفهم الأب شيئاً مما يريد، لكن خلال الأيام التالية كان الابن البدين
قد سحب صورة أمه بالسكانير، وقام بتعديلات للصورة على
اللاب توب بأحد برامج الفوتوشوب، شغله الأمر عدة أيام إلى أن
استقر على صورة نالت رضاه، واضعاً خماراً أسود على رأسها،
ونقاباً يخفي وجهها، ولا يظهر إلا خيطاً رفيعاً تطل منه عيناها،
كان والده يتابعه ولم يتذمر مما يفعل، يريد أن يؤدي دوره كأب
وأم في الوقت نفسه، وذلك تنفيذاً لوصية زوجته الراحلة.

وعندما انتهى طلب من والده أن يأخذ الفلاشة ليقوم بطباعة
الصورة ووضعها في برواز جديد، في الإستوديو وقف الأب في

حيرة عندما شاهد صورة زوجته، لم يعرفها بالحجاب والنقاب الذي وضعه الابن على رأسها ووجهها، تغيرت ملامحها وأصبحت صورتها متجهمة شاحبة وحزينة وكبيرة في السن، وانطفأت لمعة عينيها.

عندما عاد الأب حاملاً الصورة أسفل إبطه بعد طباعتها ووضعها في برواز جديد، استقبله الابن البدين وهو جالس جلسته المعتادة على الكنبة الخضراء، طالباً من والده أن يضعها مكان الصورة القديمة، نفذ الأب طلبات ابنه، ولكن نظرات عينيه كانت ممتلئة بالحزن، قال الابن قبل أن يرجع إلى شاشة الموبايل: "الحمد لله.. سترتها". حاول الأب أن يذكّر ابنه أن تلك الصورة أصبحت غير حقيقية ولا تعبر عن صورة أمه، لكنه ظل جالساً على الكنبة ولم يرد على والده، فقط قال: "حرام، أنا عايز أحجبها علشان تدخل الجنة".

لم يفهم الأب ما يقصده، واتجه ساخطاً للمطبخ وانشغل بغسل بعض الأطباق، متذكراً وصية زوجته بألا يُغضب أحداً من الأبناء، تلك الوصية التي تعيقه عن تعنيف ابنه عما يفعل بصورة زوجته التي أحبها ولم يتزوج عليها؛ رغم تركها له وهو في كامل صحته، ورغم الميراث الذي تركته له. وقرر حينها أن يقوم بتزويج ابنه، حتى ينتهي من تعبه وطلباته وأفكاره. وعندما عرض الأب عليه فكرة الزواج، لم يبدِ أي تعبير عن الرفض أو القبول، وخطط الأب له أن يتزوج في تلك الشقة، وسوف يأتي أهل العروس لزيارتهم لمشاهدته ومشاهدة الشقة التي ستسكن فيها ابنتهم، لم يعترض الابن البدين على شيء.

في صباح يوم الزيارة المرتقبة للعروس وأهلها، خرج الأب وابنه البدين لشراء قميص جديد له، أرهق الأب في العثور على قميص مقاس ابنه، بسبب السمنة والشحوم التي يربيها في جسمه، لكنهما بعد التجول في عدة محلات، عثرا على قميص لا يلف جسمه إلا بصعوبة. في الليل حضر بعض أفراد الأسرة ومن خلفهم جاءت أسرة العروس المرتقبة.. استقبلهم الأب وابنه البدين الذي يرتدي القميص الجديد، الذي تظهر من تحته تفاصيل انبعاج جسمه وترهله.

تناثر الضيوف والأقارب على المقاعد، ووقف الأب وأشار إلى صورة زوجته المعلقة على الحائط، مخبراً إياهم بأن هذه زوجته ووالدة وأبنائه، ترحم الجميع على السيدة الراحلة، بينما حاولت العروس أن تخبر الأب بأنها تريد أن ترى لها صورة حقيقية تظهر وجهها. نكس الأب وجهه في الأرض ونظر ناحية ابنه، ثم تشاغل بإحضار بعض الأشياء من المطبخ.

عندما جلس الابن البدين، جلسته المعتادة على الكنبة الخضراء، انفتح القميص بشدة من جهة بطنه، وسقط الزر، ولم يُعِر الابن الأمر أي اهتمام وظل جالساً وكأن شيئاً لم يحدث. وجاءت سيدة من الأقارب وهي تحمل صينية عليها قطع من الشكولاتة وبعض المشروبات ووضعتها على مائدة تتوسط الغرفة. بعد لحظات، وبينما الابتسامات تتناثر في استحسان بالشقة التي ستسكن بها العروس، خرجت السيدة البيضاء ذات الوجه الأحمر من الصورة، خرجت بكل جسمها، ووقفت في منتصف الغرفة، نظرت لهذا الجمع السعيد، ذلك الجمع الذي نظر لها في ذهول، ومدت يديها

وخلعت الحجاب وألقته على الأرض، فظهر شعرها الكثيف المصبوغ بالحناء، ثم أزاحت النقاب عن وجهها، فعادت إليها ابتسامتها ولمعة عيونها، ثم اتجهت إلى أحد الأدراج وأخرجت بكرة خيط وإبرة ـتحفظ مكانهما عن ظهر قلبـ وقامت بلضمها بسرعة ومهارة، واتجهت ناحية ابنها البدين الجالس في بلاهة وعدم مصدق، وانحنت والتقطت الزر من الأرض، واقتربت منه، وقامت بتثبيت الزر في مكانه، ثم قطعت الخيط بجانب فمها، بعدها أغلقت القميص، بعد أن ضغطت على بطن ابنها بقبضة يديها كي يتسع المكان لإغلاق زر القميص ـكما كانت تفعل له في الماضيـ ثم مدت يديها وقرصت ابنها في خده، قرصة حانية، ونهضت وتناولت صينية الشيكولاتة وقامت بتوزيعها على الضيوف وعلى وجهها ابتسامتها الطيبة. واتجهت بعدها إلى الدرج ووضعت الإبرة وبكرة الخيط فيه، وعادت للصورة ودخلتها، وجلست جلستها المعتادة برقبتها المكتنزة، وأعادت ترتيب شعرها، وبدأت في قرص خديها ليعود لهما توردهما واحمرارهما، ثم وضعت على وجهها ابتسامة كبيرة، تلك الابتسامة التي دفعت بسببها مبلغاً سخيّاً للمصور في الإستوديو ذات يوم.

تاريخ الأريكة الخضراء

بين كل قطع الأثاث، الأريكة الخضراء وحدها هي التي استقبلتني. بدا أنها فهمت حالتي المزاجية منذ أول زيارة، حتى إنها استقبلتني وكأنها تعلم المستقبل خلال الأيام التالية.

منذ أول زيارة ـوكانت زيارة عادية جدّاـ لم أكن أفكر حينذاك في الارتباط أو حتى فكرة معاودة الزيارة، لكن في الزيارة الثانية كانت الأريكة تغمز لي، مؤكدة أنها على حق، وأنها توقعت زيارتي تلك.. بل فتحت ذراعيها مستقبلة العريس القادم.. نعم؛ كانت الأريكة، تعرف المستقبل، لم تكن تعرفه؛ بل تتمناه، وأنا أيضاً لم أكن أريد أن أدمر لها أمنياتها أو توقعاتها. كانت جلستي المرتبكة عليها، حيث جلست على حافتها ـضامًاً ركبتي في أدب جمـ تجعلها تبتسم، وكانت تشعر بمدى الارتباك والقلق الجميل الذي أنا فيه، شاركتني عرض طلبي بهدوء وترتيب كما أردت، كانت مبتسمة، ومتوجسة، لكنها سعيدة، ومن المؤكد أنها كانت أول قطعة تزغرد وتشاركنا قراءة الفاتحة.

منذ البداية؛ عرضت عليَّ الأريكة خدماتها، بمزيد من الإلحاح والتأكد، أصبحت قبلتي أثناء الزيارات المتوالية. الجلسة

الأولى كانت على أطرافها، في الثانية أخذت جزءاً من راحتي في الجلوس، في الخامسة أسندت ظهري كاملاً، في العاشرة، استطعت أن أمد أقدامي أثناء جلوسي بحرية كبيرة.

الأريكة الخضراء تجمع كل ما كنت أبحث عنه أثناء قدومي المرتبك، حيث تتحدُ الألفة والاطمئنان والابتسام في مهمتي، وعليها جاءت كل أفكار المستقبل؛ والمحبة التي صارت بيني وبينها جعلتها تستوعب جلستي، وتستوعب أفكاري، وتستوعب نزواتي وجنوني. أول قبلة خطفتها خلسة كانت عليها، وكأنها كانت مصممة لكي تفوز بهذا الإنجاز، وظلت تنظر لجميع قطع الأثاث الأخرى في فرح ومجد حقيقي، مجد كلل بانتصار نادر، وقبلة لا تنسى مدى الحياة. وتوالت بعدها في جذب مزيد من الانتصارات، أول حضن بشغف كان عليها، أول مسكة يد، أول نظرة حقيقة لقراءة خجل العيون التي أمامي، حتى أول كوب شاي يسقط على ملابسي كان عليها.

لا تزال الأريكة الخضراء موجودة، ستجدونها عندما يفتح باب الشقة متصدرة الصالة الفسيحة جهة اليسار؛ أمام شاشة التليفزيون، جالسة في وَهَنٍ نتيجة كبر السن، بعد أن هبطت أجزاء منها نتيجة المعارك التي حدثت عليها بيني وبين زوجتي، ونتيجة تقافز ابنتي عليها، وحتماً ستجدون كثيراً من البقع سواء من أطعمة أو مشروبات أو دموع معاهدات الصلح، كما ستجدون كثيراً من الألعاب المهملة عليها، مساندها اختلف لونها، وإن كانت النقاط الذهبية لا تزال موجودة بها كما هي.

جزمة زلط

كثيرة هي الأشياء التي تبهجني، لا أترك فرصة للحزن يتسلل إلي.. رغم أننا من طبقة متوسطة، لكننا كنا في مستوي ميسور الحال، أبي يلبي طلباتنا حتى وإن تأخر في تنفيذها، أو بدا متضايقاً أحياناً كثيرة، لكنه في النهاية يلبيها كأي أب، وأنا أفرح بأي شيء؛ ذهابي للسينما التي أعشقها، التجول ومشاهدة فاترينات محلات وسط البلد، السهر للعب الكرة أمام قاعة سيد درويش العريقة، نظرات عين بنت الجيران التي تخصني بها دون باقي الرفاق، الذهاب خلف المنتخب لمشاهدة التدريبات والمباريات في الملعب، لا أترك فرصة للفرحة إلا وكنت خلفها.

لكن السعادة الكبرى التي كنت أحلم بها هي ارتداء (الجزمة الزلط) التي اشتراها أخي. كان أخي قد تخرج، وبدأ يعمل مدرساً في إحدى المدارس، كان أول من يعمل من إخوتي، وتأتيه نقود بعيداً عن جيب أبي، ولم يكن قد أصابه الدور لدخول الجيش، بالإضافة إلى أن عمله كمحاسب في أحد المصانع بمنطقة وسط البلد يدر عليه مبلغاً إضافياً غير مرتبه كمدرس.

ظهرت التغيرات سريعاً على أخي وأصبح يهتم بنفسه كثيراً، فهو شاب في مقتبل العمر، يمتلك عيناً بنية، وبشرةً سمراءَ، وأنفاً فرعونياً دقيقاً، ويجب أن يظهر بمظهر مناسب حتى يحظى بفرصة حب حقيقية من الفتيات اللاتي يذكرهن لأمي كل يوم كزميلات له في العمل، وكانت أمي ترغب في تزويجه كأول فرحة لبيتنا. تحولت نقود عمل أخي إلى نظارة شمسية وعطور مميزة وملابس جديدة، بدأت تملأ أرفف الدولاب، يأتي بملابسه من مصنعي فالكون وفانكي الشهيرين بمنطقة الأهرامات، قمصان بيضاء وملونة وكاروهات، أطقم كاملة ومتناسقة، وكل ليلة يقف أمام المرآة يضبط حلاقة ذقنه، ويطل في وجهه خوفٌ من أن تكون قد ظهرت بذقنه شعرة ضالة، ليلتقطها بالملقاط.. كان شعره أكرت فاحم، لكنه يتناسق مع وجهه كنجم سينمائي.

لكن المفجع الذي جعل البيت يرتبك هو شراؤه جزمة زلط بتسعين جنيها ذات يوم. كان هذا رقماً فلكيّاً، عندما سمعه أبي من أمي وهي تنقل له الأخبار ليلاً، احتج بطريقته؛ بأنه لا يشاركه مصاريف البيت بعد أن كافح في تربيته، ملمحاً بأنه السبب فيما وصل إليه أخي، كما أنه لولا وساطته لما تعيّن بعد تخرجه مباشرة. تهون أمي الأمر على أبي بأنه شاب ويريد أن يفرح، كما يريد أن يتزوج، لذا يجب أن يظهر بمظهر لائق أمام زملائه وزميلاته في العمل. ورغم ذلك حاولت أمي إرسال الرسالة إلى أخي، لكنه كان يريد أيضاً أن يوصل لها رسالة أخرى، فهو يريد أن يرى مستقبله، وأن يعمل بأقصى طاقته لجمع المال لكي يتمكن من شراء "الشبكة" لفتاة تعمل معه في المدرسة، وقد شاهدت صورتها خلسة عندما عرضها على أمي؛ فتاة جميلة وبيضاء.

في مدرستي كان نوع حذائك يحدد من أي طبقة أتيت؛ الأثرياء أبناء منطقة نزلة السمان الأثرية ـالتي يقبع فيها أبو الهول والأهرامات الثلاثـ يرتدون الأحذية (الكلاركس والشياك والرد ونج) المصنوعة من الجلد الطبيعي التي تزيد أثمانها عن خمسمائة جنيه، بينما أبناء الطبقة المتوسطة يرتدون (كوتشي) بماركات مختلفة، وإن كانت صناعاته جميعها تقليدية، والأقل يرتدون أحذية رياضية عادية، لكن لا يوجد أحدٌ يرتدي حذاءَ (زلط) المشهور والمميز. ولد واحد فقط شاهدته ذات يوم في الصباح يرتدي حذاء زلط، وأثناء انصرافنا من المدرسة وجدته يقف حافياً يبكي لسرقة الحذاء منه، حاصره طالبان من مدرسة الصنايع التي تقابل مدرستي، وقام أحدهما بتهديده بمطواة، فجعله يقلع حذاءه، وتركه يقف حافياً باكياً.

كل يوم أفكر؛ متى يتعطف عليَّ أخي ويعطيني الجزمة الزلط لارتدائها ولو ليوم، ومتى أشعر بهذه النقلة الكبيرة أمام أصدقائي في المدرسة. كان أخي يحذرني من الاقتراب من ملابسه وأحذيته وأدواته، وكنتُ أنصاع لأوامره وأوافق في ضيق شديد، إلا أن أكثر تحذيراته كان يلقيها لي بألا أقترب من حذائه الجديد؛ الزلط، الذي يهتم به، ويقوم بتلميعه ليلاً بماسح أحذية خاص به غالي الثمن، وكنت أتعلل بأنني لدي حذاء جلد أسود عادي، ودائماً أرتدي الكوتشي للعبي الكرة كثيراً.

ذات ليلة؛ وكان أخي نائماً، أخرجت الحذاء الزلط في ظلام الغرفة، ارتديته وظللت أتحرك به في الظلام، ثم غلبني النوم، في الصباح بحث أخي عنه وهو يرتدي ملابسه، لم يجده أسفل

السرير أو الكنبة أو الكمودينو في مدخل الشقة، تشاجر مع أمي عن سبب اختفاء الحذاء، ثم أيقظني من نومي متسائلاً عنه، وعندما أزاح الغطاء عني، وجد الحذاء في قدمي، فضحك.

عندما شاهد أخي الشغف في عيني ناحية الجزمة الزلط، ابتسم، ووعدني أن يعطيها لي، والقميص الجينز، والبنطلون الجبردين في عيد ميلادي، ويجعلني أذهب بهما للمدرسة ولأي مكان أريده. لم أنم ليلتها.. أحلام اليقظة ظلت تصادقني في تلك الليلة وأفسدت نومي. وظل قلبي يقفز طوال الليل، أفكر أين سأذهب بالحذاء، سأذهب للمدرسة أولاً حتى يراه الطلاب في قدمي ويشعرون بثراء أسرتي، ثم أذهب ليلاً للسينما، كلا؛ سأترك الحذاء في قدمي وأجعله يقودني لكل الأماكن التي أحبها، المدرسة، السينما، المقهي الذي نذهب إليه سراً، أي شخص يسألني عنه، سوف أخبرهم بأنه جاء هدية لي، لن أقول سعره الحقيقي، مع أن الجميع يعرف سعره، لكن هذا يجعلني متوجاً حتى ولو ليوم واحد.

كأيام المدرسة الثقيلة تمر أيامي منتظراً يوم مولدي.

وفي صباح أحد الأيام، كان أخي يرتدي ملابسه بسرعة لأنه تأخر، كنت أقف أتابعه وهو يرتدي ملابسه، بينما أنا أجهز حقيبتي المدرسية، سألته في خبث: هل ستخرج بالجزمة الزلط؟ ضحك ولم ينظر ناحيتي، وكان يطل في المرآة، وهو يلتقط شعرة من خده الأيسر بالملقاط، وقال: "لسه عيد ميلادك بعد أسبوعين، اصبر، أنا وعدتك".

عُدتُ من المدرسة في ذلك اليوم، تناولنا الغداء، دخل أبي

غرفته لسماع نشرة إذاعة لندن في الثالثة تماماً، بعدها يقرأ الجرائد وينام، ولا يحب أن يوقظه أحد حتى تدخل عليه أمي بكوب الشاي، في السادسة مساءً، قيلولة أبي كانت توقف الزمن وتربك البيت، لا أحد يطرق الباب، لا يأتي مكوجي أو محصل نور، لا أحد يتصل على تليفون البيت، لا نتشاجر، لا نفتح التليفزيون، ولو جاء ضيف أو قريب يظل جالساً في غرفة الجلوس حتى يستيقظ أبي. في حوالي الرابعة، انطلق جرس باب الشقة بطريقة متسارعة، يبدو أن من وضع إصبعه على الجرس لن يتركه إلا إذا فتح الباب له، نهضت فزعاً خشية استيقاظ أبي وسماع سبابه من شيء لا ذنب لي فيه، بادرت مسرعاً لفتح الباب، وأنا عازم على سب من يفعل هذا، وجدت (زقزوق) جارنا الذي يصغرني بعام وعلامات الانزعاج على وجهه، يقف بجواره عسكري يرتدي بذلة عسكرية ذات لون كاكي، مكرمشة، وكأنها لم ترَ المكواة مطلقاً، وطاقية منكسرة على جبهته، وجزمة كاوتش (باتا) بيضاء تحول لونها للرمادي، ويمسك في يده ورقة صغيرة. وتساءل بلهجة ريفية: "هل هذا منزل فلان الفلاني"، أجبت بنعم. قدم لي الورقة، الخط فيها سيء كخطي، وهي إشارة من نقطة الشرطة بمحطة السكة الحديدية، مكتوب بها اسم أخي وأسفلها: "ابنكم مصاب في حادث قطار".

كانت أمي قد جاءت ووقفت خلفي وأختي الكبري بجوارها، الوجوم على وجوهنا، أمي لطمت خوفاً وأختي صرخت فزعاً، وأنا شعرت بخوف عظيم ورجفة هزت جسدي، حاولت الاستفسار من العسكري عما حدث لأخي، لكنه لم يقل شيئاً أكثر مما هو

61

مدون في الورقة. لم أفكر فيمَ أفعل! ولم أجرؤ على الدخول على أبي وإيقاظه وهو نائم وإخباره بما حدث لأخي، تركت الأمر لأمي أو أخواتي البنات، حاولت تمالك نفسي، ارتديت الكوتشي دون الشراب، وهبطت جرْياً أنا وزقزوق إلى نقطة الشرطة بمحطة القطار القريبة من البيت. عندما وصلت للنقطة، دخلت مكتب الضابط، كان جالساً خلف مكتبه يدون بعض الأشياء، استفسرت منه عن أخي والحادثة التي حدثت، أخبرني بأن سيارة الإسعاف قامت بنقله لمستشفي أم المصريين القريب من محطة القطار، وبينما أستدير للانصراف، وجدت فردة الحذاء الزلط اليمنى ملقاه أسفل كنبة في أحد الأركان ومغطاة بالدماء.

عندما ذهبت للمستشفى، كان الجمع مهيباً، أصبح جسد أخي قطعة حلوى مدماة، تجذب الأهل والأقارب والجيران والأصدقاء للاطمئنان، كثير من الدموع والحكايات عن أخي، دعوات له بالنجاة، أبي جالس فاقد الحركة، وأمي تبكي وتخفي وجهها وقد التف حولها أخواتي البنات لتهدئتها وهن يبكين. كنت أبكي وأصرخ وأريد أن أرى أخي.. من إحدى الغرف خرج أخي ممدداً وغائباً عن الوعي على ترولي تدفعه ممرضتان، تغرق الدماء ملابسه وجسده، عليه بقايا قميص مهلهل، والبنطلون ممزق ودون ساقين، وفي نهاية قدمه فردة الحذاء اليسرى، أصبح لونها أحمر قانياً من كثرة الدماء التي تغطيها. كل مكان بجسد أخي كان دامياً، يداه، ذراعاه، رأسه، فروة شعره، وجهه، بطنه، ظهره، أين أخي؟ الذي كان يقف في الصباح كاملاً وجميلاً أمام

المرآة يرتدي ملابسه الأنيقة، ويلاحظ أي تسرب لأي شعره في وجهه. كأن القطار قد أمسك بأخي وعصره عصراً بين قضبانه وعجلاته وفلنكاته.

وقع جسد أمي عندما شاهدت جسد أخي، وسقط رأسها على كتفها الأيمن، أسندتها بعض الجارات، وأجلسنها وهن يخبطن صدغها كي تفيق، وأبي كان يبدو متماسكاً، لا يريد أن ينهار، يستند على كتف عمي، ويبكي دون صوت. أفاقت أمي وكانت ترتعش من شدة الخوف، تحولت في لحظات إلى امرأة عجوز يخفي الحزن والدموع وجهها، عيناها بيضاوان من شدة البكاء الخافت، ثم العالي قبل أن تبدأ في النحيب الشديد، والصراخ الهستيري على أخي.

الطرق مشبعة برائحة البنج والكرومفيل والفينك الذي ينظفون به، جلس البعض القرفصاء، بعد أن امتلأت مقاعد الاستراحة بالأقارب والجيران، كان الجميع بائسين، يقفون في دهشة وخوف.. يطلون ناحية باب غرفة العمليات؛ وكأنه باب الجنة، في انتظار رضوان كي يطمئننا على أخي. وأنا أتحرك وسط هذا الجمع كقطعة شطرنج بائسة محاصرة بالدموع والصراخ والاستفسارات والرجاء والخوف، أشعر بأنني منسيٌّ وسط هذا الزحام، ما من أحد يلتفت لي، الجميع يهمس باسم أخي، أو موقف له أو حكاية بها سيرته.

بعد ساعتين من القلق والترقب، خرج الطبيب، التف حوله الجميع ونظرات عيونهم تبرق في قلق الانتظار، ابتسم، وطمأننا

بأن أخي سوف يعيش، وأن جميع هذه الإصابات ستُداوى مع الوقت، فقط مشط قدمه سوف يحتاج إلى علاج لمدة أطول نتيجة هرسه بعجلة القطار. أطلق الجميع أنفاس الراحة والأمل، بكت أمي وانتحبت أختاي ونهنهت بعض الجارات، وأعطى رجلٌ لأبي سيجارة كي يدخنها بعيداً عن المكان، جاذباً إياه كي يجلس ليستريح، وبدأ النساء أحاديثهن الجانبية بصوت بدأ خفيضاً، ثم راح يعلو مع إحساسهن بذهاب الخطر عن أخي.

بعد لحظات؛ فُتح باب غرفة العمليات مرة أخري، وخرج الترولي يحتل سطحه جسد أخي لنقله لغرفة أخرى.. جسده كله ملفوف بالشاش والضمادات، وكل مكان ينشع منه الدم، كسور وجروح وجلطات وإصابات لا يتحملها جيش من الرجال هبطت على جسد أخي الجميل. في الغرفة، على سرير معدني بسط جسد أخي في الشاش والضمادات والجبس، لم نرَ شيئاً منه إلا عينيه المغلقتين فقط، وضعت الممرضة الممتلئة على جسده الكوفرتة الزرقاء المشجرة، وأمرتنا بالهدوء وأن نحمد الله أنه بخير ولم يبتر من جسده شيء، أعطاها أحد الأقارب مبلغاً من المال وهو يشكرها ويحثها على الاهتمام برعاية أخي، أخذت النقود ووضعتها في جيب معطفها بطريقة مدربة، وهي تبتسم وتضع إصبعها باليد الأخرى ناحية عينها بمعنى "من عيوني".

على عمود حديدي رفيع بجوار السرير، علق كيس محلول شفاف يخرج منه أنبوب مغروزة نهايته في باطن ذراع أخي، تهبط منه قطرة كل عدة لحظات في ملل، ومن وسط الشاش في نصفه الأسفل يوجد أنبوب آخر ممتلئ بسائل أصفر نهايته كيس استقر

على الأرض للتبول فيه. في لحظة واحدة تحول جسد أخي المرح النشط الوسيم إلى جسد مسجى على سرير من الصاج الأبيض البارد، حوافه تآكلت قشرتها، وأصبح مكانها بقعٌ سوداء صدئة. جاءت ممرضة أخرى حاملة لفافة كبيرة من القطن بها بقايا ملابس أخي، وفردة الحذاء اليسرى، وألقتهما أسفل السرير المعدني.

لا أعرف لماذا تهلل وجهي عندما رأيت فردة الحذاء؟

لم أكن أعرف ما أفعل، انحنيت متصنعاً بأني أضع كيس البول في مكان آمن أسفل السرير، بعيداً عن الأقدام، كانت لفافة القطن أمامي، وتطل منها فردة الحذاء اليسرى على جانبها وحولها بقايا ملابس أخي، وقد أغرقتها الدماء، سحبتها وأمسكتها.. واضح من الجزء الجانبي أن عجلة القطار قد دهسته، لكن يمكن معالجته بقطعة جلد جديدة، المهم أن نعل الجزمة سليم، أخذتها ولففتها في قطعة قطن كبيرة ونهضت واقفاً وسط هذا الجمع كتمثال مبتور الأقدام لا أعرف ما أفعل.. دخل بعض الأقارب للاطمئنان على أخي، حينها قررت أن أتسلل من وسط هذه الحشود، حاملاً في يدي فردة الحذاء اليسرى.

كانت الشمس في طريقها لوضع رأسها على وسادتها الليلة، عندما خرجت من باب المستشفى، أطل ورائي خشية أن يتبعني أحد، كنت في طريقي عائداً لنقطة الشرطة بمحطة السكة الحديدية، وكنت طوال الطريق أفرك الدماء عن فردة الحذاء، وأطمئن نفسي بأنني أستطيع بوضع الورنيش عليها إعادتها كما كانت. كنت أسرع الخطى وقلبي يمتلئ بالقلق والسعادة، وتشعل

الأمنيات قلبي، أركل بعض الطوب الصغير بالكوتشي الذي أرتديه، لاعناً إياه بأنني لن أرتديه مرة أخرى، وأنني سألقي به في القمامة ولن ألعب به الكرة حتى وإن كان ما يزال به بعض من الحياة.

عندما وصلت، كان باب مكتب ضابط النقطة موارباً، تلفت فلم أجد أحداً يطل ناحيتي، ضغطت على الباب ودخلت، وجدت الغرفة خالية، كنت مرتبكاً وخائفاً، وخشيت أن يأتي أحدُ ويسألني عما أفعل هنا.. كنت أحمل ردّاً جاهزاً؛ بأن أخي الذي أصيب في حادثة القطار، منذ عدة ساعات، قد سقطت منه بعض الأوراق الهامة التي يريدونها في المستشفى، نظرت في اتجاه الكنبة التي كانت أسفلها فردة الحذاء اليسرى، فلم أجدها.. انتابني غيظ شديد، نظرت في جميع الأركان وخلف الدولاب المعدني بجوار المكتب في الجهه المقابلة، فلم أجد شيئاً. دخل ضابط، ودهش من وجودي في الغرفة، أظهرت له سبب وجودي، وسألته في قلق: فين فردة الجزمة اللي كانت هنا؟ لم يفهم الضابط سؤالي، ضغط جرساً أمامه على المكتب، جاء عسكري وأدى التحية، أخبره الضابط "أين حذاء المصاب في حادثة القطار؟"، أخبره العسكري بأن (مسعود) عامل النظافة قام بتنظيف الغرفة قبل بداية المناوبة الليلية، اعتذرت للضابط وانصرفت وانتظرت العسكري الذي خرج بعد لحظات، قلت له متسائلاً: "أين يُلقي عم مسعود القمامة؟" أشار إلى عدة صناديق سوداء في نهاية رصيف محطة القطار، ذهبت إليها، رائحتها بشعة، فتحت الصناديق الثلاثة وقلبتها، ولكني لم أجد أي أثر لفردة الحذاء اليمنى، شعرت باليأس وبغضب شديد،

ركلت أحد الصناديق في قوة، كانت تتصارع دقات قلبي بعنف، ويرتج، مثلما ترتج القضبان معلنة قدوم القطار.

شعرت بأن دقات قلبي أعلى من صافرة القطار القادم، كنت غاضباً وحزيناً ولا أعرف ما أفعل.. لم أرغب في العودة للمستشفى مرة أخرى. سرت لنهاية رصيف المحطة، وقفزت، وكان جرس المعبر قد بدأ يدق للتنبيه بقدوم قطار، وقفت لحظات أتأمل فردة الحذاء اليسرى في يدي بعد أن أخرجتها من لفافة القطن، وكانت جبهتي ممتلئة بقطرات عرق باردة، وعند سماعي صفارة القطار العظيمة، وقفت أطل عليه، كان يقترب ناحيتي بقوة، ألقيت فردة الحذاء بين القضبان وعبرت الطريق وعدت للبيت باكياً.

العضامة

ـ أمك كبرت وهتتعبنا في يومها.. وما حدش حمل سفر للصعيد وبهدلته.

ـ كل مشكلة وليها حل.

ـ العين في البلد اتملت.. والناس هتاكل وشنا لو دفناها في مكان تاني.

ـ أنا هاتصرف.

استيقظت على انقباض في صدري، لم تخففه نسمة الصباح الرائقة التي جاءت عبر النافذة، الرياح الخفيفة تحرك ستارة الغرفة، لكن الصوت جاء من غرفة أبي ناعماً وصافياً وهو ينصت لحديث أمي الخافت، ممزوجاً مع صوت الشيخ محمد رفعت الذي يأتي واهناً واهناً من الراديو..

حديث أبي وعمي بالأمس ظل عالقاً في ذاكرتي وجعلني حزيناً، لأن رحيل جدتي (ودودة) سوف يحرمني من سماع حكاياتها عن سيدنا جبريل عليه السلام في الإسراء والمعراج،

وحكاياتها الدائمة عن أمنا الغولة وأبو رجل مسلوخة والشاطر حسن الذي يتزوج حتماً ست الحسن.. تعيش جدتي في منزل عمي "علي" القريب من بيتنا، وتأتي إلينا كل خميس وتغادر الجمعة بعد العشاء، ودائماً ما كنا نذهب لزيارتها. بالأمس جاء عمي وحده، وأخبرنا عن تعب جدتي وأن الطبيب أبلغه أنه "اقترب ميعادها" ـقالها نصّاً ولا يدري ما يفعل.. ظل أبي صامتاً، ثم أخبره أنه سوف يدبر الأمر.

لأبي الكثير من العلاقات، رغم عدم امتلاكه المال أحياناً كثيرة، لكنه يستطيع أن يلبي ما نريده. وتمكن ـبفضل علاقته ببعض الشخصيات الهامة في المحافظةـ من الحصول على قطعة أرض للمدفن، سوف يتقاسم مع عمي دفع ثمنها.

في الجمعة التالية، طلب أبي من أخي الأكبر أن يستأجر سيارة للذهاب لرؤية المقاول والمدفن، وأن عمي سوف يأتي معنا، وأصر على اصطحابي معهم. انتابني شعور بالضيق، فلم أكن أرغب في هذه الزيارة ـولا غيرهاـ فقد كنت أنتظر يوم الجمعة للعب الكرة بعد صلاة الجمعة، وأيضاً فكرة زيارة الموت لم تطرح على عقلي من قبل.

المقابر الجديدة في طريق الفيوم ـوهو أقرب مكان من بيتنا في الهرمـ جميعها متشابهة؛ معظمها بالطوب الوردي، لولا اللافتات الرخامية التي تعلو كل مدفن.. كل أسرة أو عائلة كتبت اسمها بشيء من الكبرياء والتباهي وربما الغرور.. المقابر متلاصقة وتتخللها شوارع ضيقة متربة لكنها منتظمة، وتصب

في شوارع متسعة، ثم تتفرع منها شوارع ضيقة أخرى ولا يمكن أن تسير فيها إلا سيارة واحدة. معظمها خالية، يصفر في فضائها الهواء ونباح الكلاب. وظللت أفكر في هذا القرب والتلاصق بين المقابر.. هل هو خوف من فزع الموت؟ أم الغرض أن يأنس بعض الميتين ببعض ولا يشعرون بالوحشة والانقباض في الظلام الذي يعيشون فيه؟

توقفنا أمام المقبرة، هبطنا من السيارة نحن الأربعة، وظل السائق في سيارته رغبة في النوم.. المقبرة على ناصية أحد الشوارع، حولها بقايا أدوات بناء وأسمنت ورمل وبرميل مياه. جاء المقاول، شاب في الثلاثينيات، وجهه مبتسم، يبدو أنه متعلم من طريقة ترحابه، يرتدي جلباباً نظيفاً ويلف عمامة بيضاء على رأسه، رحب بنا بشدة، ثم قفز درجات السلم الثلاث التي تتقدم المقبرة، وضغط الباب الحديدي ففتحه، وأزاح بقدمه بعض أوراق شكائر الأسمنت وأشار لنا بالصعود، وكانت المقبرة متسعة، على اليمين حوش صغير لمصطبة مربعة، لها سقف لاستقبال واستراحة الزائرين عند زيارة الموتى، أشار المقاول إلى مساحة فارغة بعد نهاية السقف، وطلب من أبي أن يأتي ببعض الصبار لزراعته، ويمكن له أن يزرع شجرتين رحمة على المتوفين، أخبره أبي إن يفعل هو إن كان ذلك يستطيع وسيحاسبه على كل شيء، فهز المقاول رأسه بالإيجاب دون أن تغيب ابتسامته. على يسار المدفن فوهة لها درجات سلم هابطة في عمق الأرض كالمقابر الفرعونية، هبط المقاول وخلفه أبي وعمي وأخي، عندما وجدني أخي واقفاً في تردد وخوف، جذبني من ذراعي لأهبط

معهم، المكان مظلم إلا من ضوء شاحب يأتي من الفوهة التي هبطنا منها، يثير الرجفة والقشعريرة في الأجساد.

غرفتان متسعتان مسقوفتان بسقف دائري وكأنه إيوان مسجد، غرفة للرجال تليها غرفة للنساء، وكأنه يجب أن يتقدم الرجال النساء حتى في الموت، أو خشيه أن يرى أحد النساء فتصبح فضيحة، وطرقة تربط بينهما، في نهايتها صندوق حجري مكشوف، سألت المقاول عنه فقال: "دي العضَّامة".

أزعجتني كلمة العضامة، وكانت أول مرة أسمعها، فضلاً عن كوني أول مرة أراها، عبارة عن صندوق حجري مستطيل قرابة المتر وارتفاعه نصف متر، وبجوارها قطعتان من الأحجار الجيرية، وهما غطاؤها في حالة استخدامها، عند امتلاء كل عين في المقبرة بالأجساد.

كان المقاول يتحرك وكأنه يعرض علينا إحدى الشقق الجديدة، يضرب بيديه على الجدران لإثبات قوتها، ويلمس السقف ليثبت احتماله في حال هطول الأمطار على السقف من الخارج، يشرح كل شيء كدليل سياحي في مقبرة فرعونية. جلست على طرف العضَّامة ونظرت بداخلها ـوكانت فارغةـ وظللت أفكر في مصيرنا، بعد أن تمتلئ تلك الغرف ـأو (العيون) كما يسمونهاـ بالموتى، وذلك حتى لا تحدث مشكلة كما حدث في مدفن البلد الذي امتلأت عيونه عن آخرها بأجساد الموتى الراحلين.

انتهى المقاول من جولته الإرشادية، وصعدنا إلى السطح، خرجنا ووقفنا أمام المقبرة ليستقبلنا أحد العمال يحمل صينية عليها

خمسة أكواب شاي لم نشرب منه شيئاً، ولا أعرف كيف عرف عددنا بما فينا السائق؟ أخذ أبي المقاول جانباً، وأجزل له في العطاء حتى ينتهي من البناء سريعاً، فحالة جدتي متأخرة وبينها وبين القبر خطوة واحدة. عندما عاد أبي جاء التربي ـلا أتذكر اسمهـ رجل في الخمسين، وجهه أسمر من شدة الشمس التي يتحرك أسفلها ولكنه لا يعيرها أي اهتمام، يربط رأسه بعمامة سوداء متسخة بالتراب، وجلبابه مترب ولونه باهت، نظر لوالدي وقال: "إحنا في الخدمة.. وقت ما تجهز الأمانة.. كلموني"، ثم أخرج من جيبه كارتاً صغيراً به عدة أرقام وعليها اسمه، أخذها أبي ووضعها في جيب جلبابه العلوي، ثم أعطاه مبلغاً من المال.

شكرنا المقاول والتربي واتجهنا للسيارة، لكننا توقفنا عندما رأينا طابوراً طويلاً من عدة سيارات تتقدمه سيارة تكريم الموتى مكتوب في جانبها "يَا أَيَّتُهَا النَّفْسُ الْمُطْمَئِنَّةُ ارْجِعِي إِلَى رَبِّكِ رَاضِيَةً مَرْضِيَّةً فَادْخُلِي فِي عِبَادِي وَادْخُلِي جَنَّتِي"، غبار كثيف خلفته السيارات، وهمس باكٍ يخرج منها، ونساء متشحات بالسواد ورجال مرهقون والبعض يبكي. توقفت الجنازة في أحد الشوارع القريبة، وهبط الرجال والنساء مسرعين، وكأنهم في طريقهم لإنجاز مهمة، عندما خرج صندوق خشبي ليس له غطاء من السيارة، تناولت الكفوف لفة بيضاء طرية منه، قبل مدخل المقبرة الحديدي، عاد الصندوق للسيارة فارغاً واتجهت اللفافة البيضاء للداخل مع ازدياد نواح وصراخ النساء.

كرهت هذا المكان.. بعد اكتمال بناء المقبرة بفترة بسيطة شفيت جدتي ودودة تماماً، وأصبحت مثار دهشة؛ لأنها صارت

تتذكر أشياء حدثت لها وهي طفلة صغيرة، مع أن عمرها يقترب من التسعين.

ـ الأعمار بيدِ الله تعالى..

ـ إنا لله وإنا إليه راجعون.

استيقظت على نحيب وبكاء، لم أفهم ما يحدث، أصوات في التليفون تصرخ، شعرت بخوف مفاجئ وبرد يتسلل إلى عظام جسدي، برد لا يتسق مع حرارة غير مبررة لشهر مارس الذي أحبه لمولدي فيه، ومع ذلك كان جسدي يتعرق بغزارة. شعرت بحركة غريبة في بيتنا، أصوات أعرفها لجيراننا وأقاربنا، وأصوات جديدة تماماً على أذني، وأصوات كثيرة لم أستطع تمييزها، شعرت بخوف شديد لم أدرِ سببه، حتى صوت أمي يأتي متحشرجاً ولم يطمئني كالعادة، ملامحها غريبة جداً، وجهها باهت كأنه نصف ليمونة تم عصرها، أنفها شديد الاحمرار، شفتاها ترتعشان، وتبدو غائبة عن الوعي، وتفيق على ارتعاشة صوتها قبل أن تعاود نوبة لطم وصراخ حادة، وحتى أبي الذي لم أرَ دموعه طوال حياتي؛ رأيته يجلس على الفراش في غرفته ويبكي كطفل صغير، وجدتي ترتدي جلبابها الأسود وطرحتها السوداء وتصرخ بشدة وجميع النساء مثلها.

ودهشت بشدة عندما رأيت أقاربنا من البلد، الذين نادراً ما أراهم ويأتون إلينا.. باب الشقة مفتوح عن آخره، تتسلل الجارات واحدة تلو الأخرى وكل منهن ترتدي ملابس وطرحات سوداء. بعضهن واقفات يصرخن ويبكين بحرقة، وأخريات يجلسن على

74

الأرض أو مقاعد متشابهة لم أرَها من قبل، البيت عارٍ من الأثاث والسجاد، ورائحة الديتول والفينيك تملأ البيت، أين رائحة كيكة البرتقال التي تملأ بيتنا وتشعرني بالدفء؟ الجميع متحلق هنا، وأنا أطير ولا ألمس الأرض، كفراشة ترتجف وتتجه صوب الضوء، أشعر بأنني منسي وسط هذا الزحام الشديد، لا أحد يلتفت ناحيتي مع أن الجميع يتمتم باسمي، نظرت للسماء من النافذة، قطعة كبيرة من البراح الذي يدعوك للطيران والبهجة، كأنما أنا أحلم وأتحسس ما حولي، حاولت رفع صوتي على استحياء، لم يخرج من فمي أي صوت. تسارعت دقات قلبي بعنف، يطلق جسدي كل الخوف الكامن بداخله، لكن جسدي لا يهتز بسببها، يداي معقودتان ومربوطتان على صدري، ولا أعرف سبب كل هذا الجمع ولا الرداء الأبيض الذي يغلف جسدي، الملاءات البيضاء ليس بها رائحة الرابسو والكلور، ولم تكن مزهرة بمسحوق الزهرة، هذا ليس غسيل أمي، تأكدت من هذا، فالملاية التي تحيط بي لم يكن بها الرسومات التي أحبها، وليست بها أكمام أو جيوب.

شعرت برعب عظيم لم أجربه من قبل، لا.. لا بد أن هناك خطأ ما، لا بد أن يحدث هذا لشخص آخر، ها هي جدتي وأسمع بكاءها وصراخها، لماذا تصرخ أمي ولا تنتبه لي، وتوقظني كعادتها عندما يأتي لي كابوس؟ نعم، هو كابوس سأفيق منه فور إيقاظ أمي لي، لتأخذني في حضنها. لكني لم أصل لحضن أمي، صرت حينها أشعر بأنني أركب مرجيحة لكنها لا تعلو للسماء أو تهبط للأرض.. مرجيحة تندفع للأمام مع اهتزاز عنيف، وصوت تسبيحات وهمهمات بآيات قرآنية تذكر بشكل متتالٍ في حدة.

في إحدى السيارات، كانت أمي تبكي بلا صوت وهي تحتضن أختي الصغيرة، بينما أبي يجلس في المقعد الأمامي بجوار السائق يدخن سجائره وعيونه باكية وإن كان متماسكاً، وإخوتي يبكون ويصرخون ولا أفهم سبباً لذلك. عندما توقفت المرجيحة، سمعت صوتاً تذكرته، إنه صوت التربي الخشن، والعرق يبلل حواف طاقيته، وصدغيه، وعبارات التعازي تتناثر من الأفواه بينما يقف رجلٌ يبتهل فمه بأدعية ترافق الموتى إلى مرقدهم الأخير، وصراخ مميز يخرج من قلب أمي الذي أصبح قطعة نار، تظهر آثارها على عيونها غزيرة الدمع وشعرها المنكوش وصوتها المرتعش، وهي تلطم وجهها.

سمعت عبارات التعازي وأنا أسير وسطهم، لم أكن أسير بل كنت محمولاً، وموكبي يسير بخطوات سريعة دون هوادة وكأنه يجب إيصالي سريعاً. صرخات وحشرجات أنفاس ودموع تتساقط على الوجوه، لم أشعر بذلك الخوف قبل تلك اللحظة، خوف حقيقي تسرب إلى عظام جسدي، حاولت أن أعدو، أن أخرج من تلك اللفائف، أن أصرخ، لكن قطعة كبيرة من القطن كانت محشورة في فمي، وأنفاسي لا تخرج بسبب قطعتي قطن صغيرتين تسدان فتحتي أنفي.

كانت الغرفة مشبعة برائحة مختلطة لعرق ثقيل، نفذ إلى الصدر رغم انسداد أنفي، أراقب الجميع من خلال هشاشة النسيج الأبيض على وجهي. غطس جسدي في الأرض، وبدأوا يهيلون عليّ حبات الرمال في رفق، ثم شعرت بخطواتهم تبتعد عن الدرج الحجري، تلاشت الأصوات، وهبت دفعة هواء جاءت من الفوهة

قبل أن يتم سدها بالأحجار من الخارج حيث ساد الظلام، ظلام أسود غلف كل شيء، وحفيف رش الماء يأتي من الخارج لتثبيتها. أردت أن أبكي، أن أجري، أن أدخل الحمام، لكني لم أستطع فعل شيء، ولم أجد الحمام، كل ما وجدته فقط حافة العضَّامة الباردة، فجلست على حافتها، أطل للظلام في جوفها، بئرها أصبح عميقا جداً، وبدأت الدموع الباردة تسيل على خدي، فشعرت ببروده شديدة، لسعة برد زادت مع انهمار دموعي من عيني ومن أنفي، لأنني كنت أعلم أنه ليس مقدراً لي أن أموت الآن، فلدي الكثير من الأشياء لم أنجزها بعد: واجبي المدرسي، الاستحمام حتى لا تضربني أمي، قص شعري وأظافري عند عم شكري الحلاق، وضع حبات (الدشيشة) للكتكوتين الأصفرين اللذين اشترتهما لي أمي منذ عدة أيام، الذهاب لبيت صديقي (أحمد) القريب من بيتنا لأخذ كراستي التي أخذها مني، مشاهدة الحلقة التليفزيونية من المسلسل، لأنني لم أرَها في موعدها، فأنتظر مشاهدتها في الإعادة، وبالطبع لم أنتهِ من أكل نصيبي من قطع الجاتوه التي اشتراها أبي أمس.

دفء

كنتُ ممدداً على الطابق الثاني من السرير المعدني داخل العنبر.. اليوم الخميس، ولا أملَ في شيء جديد يحدث حتى صباح يوم السبت، اعتدت وأنا في المعسكر ـكي تمر أيام التجنيدـ أن أبتسم لشمس الصباح، وأن أحترق أسفل شمس الظهيرة، وأن أبكي مع شمس الغروب؛ لكن كلمة "انتباه" جاءت كطوق نجاة وهي تدوي في أرجاء المعسكر، أصخت السمع، وانتبهت جيداً، عادت الكلمة تتردد في الأرجاء.

ـ انتباه..

حينها فقط قفزت من السرير مباشرة على الأرض، أزحت قطعة القماش التي أضعها على النافذة لتحجب أشعة الشمس، وجدت قائد الوحدة خارجاً من مكتبه، وقد وقف بعض العساكر والمعاونين يؤدون التحية العسكرية له في حدة.

رد التحية بشيء من اللامبالاة، ثم هبط درجات السلم أمام مكتبه واتجه مباشرة إلى السيارة التي تقف، وكان أحد العساكر قد سبقه وفتح بابها وهو يؤدي التحية العسكرية له للمرة الثانية،

ابتسم القائد في وجهه، وقفز في السيارة التي تحركت ناحية بوابة المعسكر الضخمة.

هنا فقط قفزت الفكرة البديعة إلى سطح عقلي، يوم إجازة واحد يجعلني أغتسل، أرى بشراً أشتاق إليهم، أتناول طعاماً شهيّاً مغايراً من يد أمي، أتحدث في أمور أخرى غير تلك التي نتبادلها نحن الجنود في المعسكر، أشاهد فيلماً دون ضجيج وثرثرة وتعليقات زملاء المعسكر، أؤدي صلاة الجمعة في جلبابي الأبيض، وأحتسي كوب شاي في المقهى الذي أحب ارتياده، حيث يجعلني في حالة من البهجة.

نظرت من النافذة أتتبع السيارة وهي تعبر البوابة الكبرى للمعسكر، كانت تثير الغبار خلفها، ظللت أتابعها حتى ابتلعتها الصحراء، حينها، بدأت في إعداد نفسي لمغادرة المعسكر، حتى لو كلفني ذلك تعباً وإرهاقاً.

تناثرت التعليقات من بعض الجنود في مرح، محملة بكمية من الألفاظ النابية في ودٍّ، ومغلفة بكلمات حاسدة؛ فمعظم الدفعة من أقصى الصعيد، في الجنوب، ولا يستطيع أحد منهم أخذ إجازة سريعة والعودة قبل عودة القائد في صباح السبت مثلما أفعل.

قال لي أحدهم: خذ زجاجة مياه معك، فالطريق طويل!

وآخر حدثني في قلق خشية ظهور شبح لي في هذه الطريق، وأكد عليَّ إذا ظهر ألا أتجاوب معه في أي حديث، وآخر نبهني لضرورة حمل بعض الأحجار الصغيرة خشية مهاجمة الكلاب

لي، وحذرني أحدهم من جنود الشرطة العسكرية الذين يظهرون كالأشباح؛ فالقبض عليَّ سيحيل تلك الليلة إلى جحيم من العقاب، وأحدهم أخبرني أن أحضر ـلدى عودتي- أي شيء من طعام أمي؛ فالحنين يقتلهم، والوحدة تمزق أحشاءهم.

كنت قد انتهيت من لملمة أشيائي في الدولاب الخاص بي، وقررت أن أسير خفيفاً لا أحمل غير زجاجة الماء، وعلبة سجائر في جيبي، حتى لا يعيقني شيء.

تركت المجموعة في العنبر، أحدهم جهز بعض أوراق الجرائد لحل الكلمات المتقاطعة، وآخر سحب كرتونة صغيرة صنعها لبدء مباراة شطرنج مع آخر، انتقاماً لهزيمته ليلة أمس مرتين، وآخر استلقى على السرير وقرر أن ينام.

إن "الهروب والعودة" ليست عملية سهلة عن معسكر رابض في منتصف الصحراء، لذا فإن نظرات الحسد ظلت تتعقبني حتى خرجت من باب العنبر.

كانت أُشعة الشمس تداعب رمال الصحراء، عندما تسحبتُ كالقط إلى أحد أركان المعسكر حيث سور من السلك الشائك، به قطعة سلك مقطوعة للمرور منها، ظللت أسير متحاشياً النظر خلفي حتى لا يعيقني شيء، مع أنني تمنيت أن أجد أحداً برفقتي، لكني سرت وحيداً.

عندما اقتربت من الفتحة في السور الشائك، نظرت خلفي، كان المعكسر هامداً دون حركة، ككائن خرافي سقط من السماء

على رمال الصحراء، وقبل أن أتسلل من فتحة السور، مرقت سحلية في شق بين الرمال واختفتْ، ابتسمتُ، وبدأتُ السير في الطريق الممهد بخطوات الجنود والعساكر المتسللين.

كان مبنى المعسكر منعزلاً، وكأن بقية الصحراء غاضبة عليه، والصحراء ساكنة كوجه أرملة صابرة لم تعد تتذكر ملامح زوجها الغائب، وكل ما خشيته في هذا الطريق، الكلاب، لذا أخذت بعض الأحجار الصغيرة ووضعتها في جيبي خشية مهاجمتها لي، وعثرت على غصن شجرة يمكن أن يتحول إلى عصا للدفاع.

في الطريق، حاولت أن أتجول بين السحب وأن أتقافز ممسكاً أشعة للشمس، لكن قدميَّ كانتا تسيران على الأرض، تذكرت قول الكاتب: "لا تنظر إلى السماء حتى لا تقع في حفر الأرض".

والأرض أمامي ثابتة، ممهدة بأقدام الجنود المتسللين الذين يمرون في هذا المكان، لا حفر، لا رفيق، لا صوت، غير دبيب قدميَّ على الرمال.

عند أحد الكثبان الرملية، شعرت أن المكان مناسب لكمين، في لحظة تخيلت أن القائد سيخرج من خلف الكثيب ومعه مجموعة من رجال الشرطة العسكرية يحيطون بي، ويقبضون عليَّ ويعيدونني للمعسكر مسجوناً، أو سيخرج فيلق من الكلاب البرية الشرسة ويلتف حولي وينهشني في ضراوة، لكن لم يحدث أي شيء من كل ذلك.

فقط كل ما كان حولي؛ الصمت، صمت مرعب، ناعم ورقيق وكأنه يمهد لأن تقتحم العفاريت المكان، شعرت برعب يثير الفزع في أعتى القلوب، لكني تذكرت أنني جندي، محارب، ولا يجب أن ينتابني هذا الإحساس؛ فقررت أن أدخن سيجارة، وما كدت أضع السيجارة بين شفتي، حتى جاء نباح كلاب من بعيد، اقشعرَّ جسدي عجزاً، وارتعشتُ، وتقلصتُ كالقطط في برد الشتاء.

بعد نحو ساعة من السير، امتلأ الطريق بالأحجار الصغيرة والحصى، ما جعل السير شاقاً، حمدتُ الله تعالى أنني أسير خفيفاً، ولا أحمل شيئاً معي، فلو حملت حقيبة ملابسي؛ ستعيقني عن السير بحرية.

بدأت آثار دقيقة ومتحركة تظهر على وجه الرمال، ثعابين، "حد الله ما بيني وبينك لا تعاديني ولا أعاديكِ"، تمتمتُ ببعض الأدعية والآيات القرآنية، وأنا أمر من تلك المنطقة، بينما نباح كلاب يأتي من بعيد، كلاب الصحراء دائماً جائعة، وهي لا تخشى شيئاً.

كانت قدماي تسوخان في الرمال لدرجة شعرت فيها بأنني سوف أغوص حتى أدفن فيها بعد أن تسحبني إلى أعماقها، مثل مشهد رأيته في أحد الأفلام، وأنتظر عابر سبيل أو رجلاً بناقة كي يسحبني وينقذني من الهلاك، أحسست برعشة خفيفة تنتاب كتفيَّ ومؤخرة رأسي؛ فداهمني الخوف وانتابتني رغبة حقيقية في العودة، لكن الانسحاب الآن قد يدمر كل شيء في رحلتي؛ حيث تركت الأمر لقدمي اللتين سارتا بسرعة على مدقات ملتوية من الرمال، في خطواتٍ نشطة وسريعة ومنتظمة كجندي نشيط.

استدار قرص الشمس، وامتلأ بالأحمر الصافي، واكتست السماء بزرقه شفافة، وبدأ الظلام يلف كل تكوينات الصحراء، تمهيداً لإنزال أستار الليل، رفعت عيوني إلى السماء، وتركت نظري يسقط على صفحة رمال الصحراء مودعاً.

حمدت الله تعالى أنني طوال الطريق، لم يواجهني شيء من الرعب الذي احتل عقلي، لا كلب اعترض طريقي، ولا مجموعة كلاب هاجمتني، ولم يظهر لي أي شبح، ولم أجد عفريتاً يختال في طريقي.

وُلِد أول الليل فور مغادرتي رمال الصحراء، وأطلت أول نجمة في السماء، كانت حبات العرق تتراقص فوق جبيني وحاجبيَّ، ثم سالت فوق أنفي وحول أذني.

استقبلتني الرياح، والطريق الإسفلتي بحدته وصمته، لكنه كان مبتهجاً، وقفت منتظراً أي سيارة عابرة لتقلني للبيت، مع علمي بأنه لن تقف سيارة في هذا المكان حتى لو قتلتُ سائقها؛ فالليل أعمى، ومرعب، وحاد، وإشعال سيجارة يخفف من الوحدة والانتظار.

أخرجت سيجارة ووضعتها في فمي، وأخرجت من الجيب الآخر علبة الكبريت، اكتشفت أن بها عود ثقاب واحد، خشيت من حدة الرياح ألا أفلح في إشعال السيجارة، فأذوق مرارة الوحدة وعدم التدخين.. بيد مدربة أشعلت عود الثقاب وقد أحطته بكفيَّ، أشعلت السيجارة، وسحبت نفساً عميقاً ونفثت الدخان من أنفي في

تلذذ، كان عود الثقاب ما يزال مشتعلاً، تركته يشيخ والنار تلتهمه في هدوء، وكأني أودعه شاكراً على الأنس الذي شملني به في تلك اللحظات.

ظل الوقت يزحف بطيئاً، بطيئاً، وأنا أقف على حافة الطريق منتظراً، والليل في الصحراء شيء سحري لن تستطيع الكلمات التعبير عنه.

مرت عدة سيارات بسرعة شديدة، وظللتُ أتتبع أضواءها حتى ابتلعها الظلام، ابتهلت إلى السماء أن تتوقف سيارة، بعد عدة ساعات توقفت سيارة أجرة، كنت غير مصدق تلك النجدة التي جاءتني، فتحت الباب الجرار، وجدت السيارة مكتملة العدد، لكني سمعت صوتاً يأتي من خلف عجلة القيادة، "هتركب ولَّا لأ؟"، كان ذلك صوت السائق، الذي لم يدر رأسه، ولم أفهم أين أجلس؛ فعاد الصوت مرة أخرى وكأنه قرأ ما أفكر فيه: "هِنا"، كان يقصد مساحة ضيقة في المقعد خلفه، أي أنني أجلس وأمامي جميع الركاب، وإن كان معظمهم نائم، فالشخير يبدو لي كسيفمونية مناسبة لهذا الوقت.

ركبت السيارة، وسحبت الباب وأغلقته، وانطلق السائق بسيارته، كنت سعيداً، حتى لو تأخرت وضاع كل هذا الوقت في الانتظار.

ضغط الليل على عنق الفجر فتحطم إلى صباح مشرق رقيق، عندما نزلت من السيارة، واستقبلتني الأنوار الهزيلة الشاحبة للحي، وشعرت أن حسد أصدقائي كان سبب تأخر رحلتي.

الظلام يتقافز وسط بقع الضوء، وكان شارعنا وأنا أدخله يتثاءب وهو يناوش كسل الصباح بلسعة برد تداعب وجهي وعينيَّ، امتطاني الإرهاق واعتلى كتفيَّ وقدميَّ، وسرى في ركبتي ومفاصلي، والتعب يحيط بجسدي كله، لكني ما زلت نشيطاً.

نحن نسكن في الطابق الخامس، ودائماً السلم مظلم؛ لذا حفظت قدماي القفز على درج السلم دون مساعدة من النور، فما كدت أخطو لمدخل البيت حتى ابتسمتُ، لأول مرة أبتسم لظلمة تستقبلني، ظلمة أعلمها جيداً، ورائحة رطوبة قديمة تغلف بئر السلم ودرجاته.. في الطابق الثاني أشلاء صفيحة قمامة بعثرتها القطط أمام شقة "أم رحاب"، التي لا تكف عن وضعها كي يعلم الناس نوعية الطعام الذي تأكله هي وأولادها.

وما كدت أعبر ظلمة الطابق الثالث، حتى استقبلتني أنفاسه المتحشرجة، تلك الأنفاس أعلمها جيداً، كل ما أقلقني أن هذا ليس وقتها، فقد كانت تلك الأنفاس تملأ سلم البيت وقت الغروب، وبالتحديد بعد العصر وقبل أذان المغرب، عند عودة "عم عبدالله" جارنا من العمل.. رجل كبير، جسده ضخم، ووجهه بشوش، دخل المستشفى كثيراً، وكانت مشاكله الصحية في الصدر كثيرة؛ لذا دائماً يحمل معه مقعداً يستطيع أن يفرده في أي مكان للجلوس عليه كي يستريح.

هالني أن أسمع أنفاسه الآن، تذكرت أنه قد يكون عائداً من المسجد بعد أداء صلاة الفجر، لمَ هذا الإرهاق يا "عم عبدالله"؟! هكذا تحدثت مع نفسي، وأنا أصعد آخر درجة من الدرج، وإذ بأنفاسه تملأ بسطة السلم.

ما كدت أخطو خطوة على البسطة الطويلة، حتى وقعت عيناي عليه، كان جسده الضخم يستريح على المقعد الصغير، أطلقت عيناه نظرة سريعة لامعة، ومبتسمة أيضاً؛ فابتسمت بينما وقف لمصافحتي، وشدني من يدي، ثم من ذراعي، وصاح في كرم:

ـ حمدلله على السلامة يا بطل.

وجهه الأسمر اللامع الغامض تشكَّلَ مع الضوء الخافت الساقط من فوهة بئر السلم، ففزعت، وشعرت بخوف شديد يلفني، خوف لم أذقه من قبل، وتقلصت عروقي، وعربد الفزع بين ضلوعي، وغمرنا الصمت؛ فبدا المكان كقبر حديث.

همس في أذني، اضطربت، وهزت جسدي كله قشعريرة، كان يتحدث وأنا أرى عينيه بوضوح، لم أكن أرى وجهه كاملاً، ولا جسده، أرى عينيه فقط؛ فبدأ الخوف يتكتل حجارة في صدري، حينها جاء نباح الكلاب من الخارج ممتزجاً بهديل يمام.

كنت خائفاً، أحسست برغبة شديدة في إشعال عود ثقاب، لكني تذكرت أن آخر عود ثقاب أشعلته وآخر سيجارة دخنتها.

كان الصمت عظيماً ويغمر الفسحة الرطبة الغارقة في الظلام، عندما رفع يده اليمنى، وضغط على الطاقية السوداء التي يعتمرها في الشتاء أو الصباح الباكر خشية نسمة باردة، نظرت في وجهه، لكن ملامحه تلاشت سريعاً.

مرت قطة بجوارنا، لم تصطدم بقدمي أو قدميه أو أقدام المقعد؛ بل مرت في سلام ونعومة دون أن ترفع وجهها ناحيتنا، ثم صعدت الدرج واختفت.

سعل قليلاً، ظل صدره ينقبض وينفرج، قبل أن يتكلم، وعندما تكلم خرجت الأنفاس متقطعة، كان الكلام يسبح في بحر الصمت صانعاً موجات من القلق الوجيف في قلبي، ثم ربت على كتفي بكفه وصاح وهو يتنفس بوهن:

- الجو بارد، والليل أعمى، من المؤكد أنك جائع.

كنت جائعاً حقّاً، في معدتي وحوش تصرخ بالجوع، وقال:

- إن المجهود الذي بذلته في رحلتك يصيب الجِمالَ بالجوع والعطش، هيا اصعد كي تلحق طعام الإفطار مع أمك، ولا تنس أن تسلم عليها.

أمسك بيدي في ود شديد، ودفع بعلبة بلاستيكية ساخنة لي، قال:

- خذ، هذه علبة فول، واعتذر لأمك لأنني تأخرت في إحضارها.

ظلت عيناه ممعنتين في وجهي، وقد اتسعتا، فأحسست برعشة في جسدي كله، الخوف أعادني للخلف خطوة صغيرة، لكن وجهي تهلل عند ذكر الفول.

كانت الكلمات تخرج من فمه، بصوت مكتوم، ولكنها صافية كأنها آتية من جوف سحيق غامض، كانت واضحة، وثقيلة، وكأنه يكتبها بفمه لا يقولها.

صعدت، وفتحت باب الشقة، وضعت علبة الفول على أول مائدة استقبلتني، وعندما استدرت استقبلني حضن أمي وهي جالسة على سجادة الصلاة، بجسدها الضخم وعينيها الواسعتين

المحملتين بأيام الأنس، ما كادت تراني حتى نشط جسدها، حاولت أن تنهض، لكني جلست على الأرض واحتضنتها.

بالأحضان، بكت أمي قليلاً في اشتياق، وبدأت تشكو من ألم في ركبتها اليسرى، ثم من ألم مزمن ينتابها في فقرات رقبتها، قلت لها وأنا أقبل كف يدها:

ـ البركة فيكِ.

في هذا العالم لا أحد يستيقظ قبل أمي، الدعوات والتسبيحات تغلف عنق فجر اليوم، توسلاً وستراً ورجاءً.. كنت مرهقاً وأنا أسحب بدني من الحقول الدافئة لحضن أمي، ووقفت وقلت لها:

ـ جعان!

نهضتْ أمي، واتجهت ناحية المطبخ، وأخذت في طريقها علبة الفول ونظرتْ لها في حيرة كبيرة.

آه يا بيتنا الطيب، أشمك وأشم رائحة طعامك، وشروخ الجدران تتشابك وتتفرع وتسري في جسدي؛ فتفرز الدفء والراحة والأنس، ورائحة الفول الساخن والطماطم والثوم والزيت تعبث في أنفاسي، تجذبني تلك الرائحة من مسافة بعيدة، وها هي بالقرب من فمي ومعدتي.

انتعشت الشقة برائحة الطعام الشهي، عندما جاء صوت أمي من المطبخ وهي تحدثني في قلق وخوف عليَّ من المجيء في هذا الوقت وبتلك الطريقة، ضحكت وأنا أخلع ملابسي، وقلت لها:

ـ عم عبدالله بيسلم عليكِ، ويعتذر عن تأخره في إحضار علبة الفول.

أخرجت رأسها من المطبخ وأطلت وقالت:

ـ مَنْ؟ قلت مَنْ؟

قلت لها وأنا أبحث عن الشبشب للذهاب لدورة المياه:

ـ عم عبدالله!

ـ أين قابلته؟!

ـ منذ دقائق، على بسطة السلم كان يستريح، وهو من أعطاني علبة الفول التي تمرح حباتها الساخنة في الطاسة وسط بحيرة من الزيت.

تبينتْ أمي أنني جاد، فرفعتْ عينيها في وجهي، ولم تعلق، ظللتُ برهة أقاوم اندهاشتها وقلت لها:

ـ ماذا بِكِ؟

قالت أمي وهي تضع الفول في الصحن:

ـ عمك عبدالله تعيش أنت، مات يوم الجمعة اللي فات.

هشاشة عظام

سقط من الذاكرة باسمه المميز الذي أحببته، كما تسقط قطعة ملابس من يد أمي وهي تنشر الغسيل.

لا تتذكره ولا تقصده إلا إذا كان هناك سبب، والسبب بسيط: قطع كبير وجدته في الجاكيت ولا أعرف له سبباً، فرغم أن الجاكيت اشتريته في نهايات الشتاء الماضي ولم أرتده، إلا أني عندما أخرجته من بياته الصيفي مع بدايات فصل الخريف وجدت القطع، وحينها تذكرت عم صافي. سألت أمي إن كان حيّاً أم ميتاً؟ أجابت بعدم المعرفة، منذ زمن طويل لم تعد أمي تغادر باب البيت، أصبحت تشتري طلباتها من الباعة الذين يمرون في الشارع، تنادي على البائع وتطلب ما تريد بعد أن تخبره بأن ينتقي السليم من خضروات أو فاكهة، ثم تنزل حبل السبت أو يصعد لها فتى يعمل كمساعد للبائع.

اعتاد الباعة على ذلك وأمي أيضاً.. أمي التي لم تر الشارع منذ شهور، بدأت عظام أطرافها تتيبس، وأصيبت بهشاشة عظام، أفقدتها الكثير من نشاطها المشهور كأم كانت تخدم جيشاً في هذا البيت.

هبطت وسرت في الشارع الجانبي الضيق الهادئ المؤدي لمحله، الشارع الذي لن تستطيع أن تتجول وتخترق شوارع الحي الكبرى إلا إذا لجأت إليه، ورغم ذلك لم أحفظ اسمه مطلقاً، لأنه لا يوجد به سكن لأي من أصدقائي، وليس به محل مميز أو مقهى صاخب أو حكاية شهيرة أو مسجد يجذب المصلّين إليه. وعندما انتهيت من الشارع الذي لا توجد به فائدة ولا أصدقاء، ولا حوادث ولا حكايات، استقبلتني الشوارع الكبرى، تلك التي تحمل الصخب والحوادث والحكايات التي لا تنسى.

الشارع الصاخب الأول تغير كثيراً، عدد من المهن الجديدة ظهرت على واجهات محلاته، فالبيوت القديمة التي تحمل الطيبة كأصحابها هُدمت، وأقامت مكانها عمارات طويلة وقبيحة، العمارة القبيحة الجديدة التي على اليسار بها محل لتنجيد الأنتريهات، يجاوره سايبر للإنترنت بواجهة زجاجية، وضع على الزجاج صور بعض لاعبي الكرة العالميين، ويقف أمامه بعض الأولاد، لن تستطيع أن ترى ما يحدث بداخله، بجوار العمارة بيت الحاج يونس، هنا كان مطعم عم عطية بائع الطعمية، رائحتها الشهية كانت تجذبك كقطعة الحلوى التي تجذب أسراب النمل، لا أنسى ضجيج وزحام يوم الجمعة صباحاً على الطعمية أو قدرة الفول، ورغم ذلك لم أكن أقف أمامه أبداً، كان عم عطية يحب أبي ويوقره، بمجرد أن يراني، يأخذ مني الطبق أو الكوز البلاستيك، فيضع الفول ويملأ القرطاس بالطعمية. لا أتذكر الخدمة التي قدمها والدي له، وجعلته لا يأخذ مني النقود، وينتظر والدي لمحاسبته.

عندما شاهد الحاج يونس ـصاحب البيتـ الزحمة على مطعم عم عطية، والناس التي تأتي إليه بحثاً عن طعميته الشهيرة، رفع قيمة الإيجار عليه، ورغم ذلك استمر عم عطية في بيع الطعمية وجذب الناس، ثم طلب الحاج يونس مشاركته في المحل، ناظراً إلى رزقه. حينها غضب عم عطية وترك المطعم للحاج يونس بعد أن دعا ألَّا يكسب أبداً مَن يأتي ويفتح مكانه.

وتحققت دعوة عم عطية، غير صاحب البيت يافطة المطعم، لمطعم الحاج يونس وأولاده، لكن الزبائن لم يتزاحموا عليه وأغلق بعد مدة بسيطة تاركاً اليافطة حتى الآن وقد أغرقها التراب واحتلها براز الذباب وشباك العنكبوت، لم تعد تظهر إلا كلمة "مطعم" فقط للتذكير بأن هذا المكان كان يوجد به مطعم تجذبك طعميته.

لا تزال الرائحة تعبق المكان رغم مرور سنوات.

في الشارع الصاخب الآخر، الضجيج خفيف في ذلك الوقت، لا تزال بعض البيوت متماسكة، هنا في الدور الأول كان يسكن صديقي زكريا، وأسفل شرفتهم، مقهى المعلم هاشم، المعلم هاشم توفي منذ سنوات طويلة، وحبّاً له وضع أولاده اسم الهاشمية على المقهى، يذكرني كلما شاهدت اليافطة بالدولة العثمانية، وانهيار "الرجل العجوز" الذي درسناه في المرحلة الثانوية، أو "الرجل المريض".. المقهى ازداد إبهاراً بالأضواء ومعظم من يجلسون عليه فتيان وشباب عاطلون، يتعاطون البرشام ويدخنون سجائر الحشيش، الرائحة تخنق المارة، والأرض مليئة بالحفر التي صنعها رش الماء الكثير.

على ذلك المقهى كانت واقعة القتل الشهيرة، أول واقعة قتل أشاهدها ويكون القاتل صديقاً لي، لم نكن قد تجاوزنا الصف الأول الثانوي، تفرقنا بعد الشهادة الإعدادية، التي أظهرت تفوق البعض وبلادة آخرين..

هناك من التحق بالثانوية العامة كشخص مميز ومتفوق، بمدرسة السعيدية الشهيرة، ومن لجأ إلى المدارس الصناعية أو الزراعية، وكثير منا توقف عند الإعدادية واكتفى بها، وانضم لطابور العاطلين أو عمل مع والده مثل محمد محمود الذي قرر أن يقف في محل والده البقال.

تلك الواقعة كلما تذكرتها أجد أنها دون مبرر، كان أحمد حماصة ومجموعة من الأصدقاء يلعبون الدومينو على مقهى المعلم هاشم، ونشبت المعركة، نشبت كما ينشب أي شيء في حياتنا، وتعارك أحمد مع أحد أصدقائه وهو يمسك في يده مطواة، لكن الرجل الطيب الذي كان يمر في الطريق، تدخل لفض المشاجرة بين فتيان صغار، وسكنت المطواة التي في يد أحمد بصدره، ظل الرجل الطيب ينزف حتى جاءت سيارة الإسعاف تحمله جثة هامدة.

عندما قبضت الشرطة على أحمد حماصة شعر بسعادة عظيمة، لأن هذه الحادثة جعلته أكثر شهرة من كل الناجحين والمتفوقين بشلتنا، بل جعلت اسمه يصدر في جريدة ومعه صورته كقاتل لم يتجاوز السادسة عشرة من العمر، وتم توقيع العقاب عليه بالسجن لمدة خمس سنوات.

بعد أن خرج من السجن، عاد للجلوس في المقهى نفسه، وافتعال المشاجرات ذاتها، التي تنشب فجأة دون مبرر، لم يكن يجلس وحده، كان دائماً يجلس وقد أحيط بثلاثة أو أربعة من الأصدقاء الذين يشاركونه سطوته وشهرته، وذات يوم، في عز الظهيرة، حيث يذهب النساء للسوق، والرجال إلى أعمالهم، كان أحمد حماصة جالساً، يحيط به رفاقه، عندما جاءت سيدة في رداء أسود ونقاب لا يظهر وجهها، واقتربت منه تسأله عن عنوان ما، نظر أحمد للسيدة وأشار في اتجاه ما تريد، ولم تعد رقبته ناحيتها مرة أخرى، تم قصفها بسكين ضخم، صرخ الرفاق، وتناثرت الدماء، وخلعت السيدة النقاب ووقفت تزغرد وتهلل في فرحة، وهي تمسك الساطور الكبير، وعرفنا أنها أخت القتيل ـالرجل الطيبـ الذي كان يمر بالصدفة منذ سنوات.

وعندما هدأت، جلست بجوار الجثة مقطوعة الرقبة، وانتظرت الشرطة التي جاءت ونظفت المكان.

في شارع آخر، موازٍ لشارع جريمة القتل الشهيرة، ستجد بيت أم سارة ذائعة الصيت كبيت للهو، تلك التي كانت تدرب ابنتها سارة لتصبح راقصة شهيرة في أحد كازينوهات شارع الهرم، لكن سارة فشلت في تحقيق أمنية أمها.. كانت شقتهم في الدور الأرضي، فقراء لا يرون الشمس إلا نادراً، لكن سارة ذات يوم عادت في سيارة لامعة واشترت البيت، ورغم رحيلها هي وأمها وإخوتها من المكان، ظل البيت يحمل اسم بيت أم سارة، بمدخله المظلم الرطب الكئيب، الذي يوحي لك بأن أمنا الغولة تقبع فيه، بسكانه البائسين الذين يسكنون فيه، ومن النادر أن تشاهدهم أو

يكونوا من أصدقائك، وكأنهم يحملون وزر أم سارة وابنتها دون مبرر حقيقي لهذا الاتهام.

كان يجب أن أمر بكل ذلك قبل أن أصل إلى محل عم صافي، الذي أعشق اسمه، كان محله عبارة عن شق صغير بعد دكان عم جاد البقال وقبل دكان ربيع العجلاتي، محل لا يمكن أن تراه إلا إذا عبرت الأضواء الكثيرة التي تستقبلك بدكان عم جاد التي خفتت الآن، وأصبح المحل عبارة عن أرفف فارغة، فلن ترى الآن الصفوف الضخمة التي كان يصنعها من علب السمن، أو رصّات صاجات الفينو والكعك التي كنا نتزاحم عليها في أيام الشتاء، حتى فاترينة السجائر المستوردة التي كانت تميز الدكان أصبحت دون باب زجاجي، وبها بعض العلب لماركة محلية الصنع، ويجلس ولد صغير في منتصف الدكان وسط الأطلال الفارغة يمسك في يديه "موبايل" ويلعب إحدى الألعاب، ويبدو أنه لم يمر عليه أي مشترٍ منذ مدة.

بينما دكان عم ربيع العجلاتي، حوله ابنه إلى محل للموبايلات وقد اكتسح بفاتريناته الزجاجية كل المكان، فتضاءل محل عم صافي، وأصبح منزوياً، يكاد لا يُرى، وكأنه على وشك الانقراض، أو أصابته هشاشة عظام مثل أمي، انسحق للداخل بعد أن حاصره محلان أحدهما للأحذية وآخر للموبايلات، اعتقدت في البداية أنه غير موجود، أو هُدم، لكنه كان محشوراً كالماضي في الذاكرة، الفاترينة الزجاجية الصغيرة بها تاج مرصع بالمجوهرات لكنه محطم، كالذي تضعه الفتيات أثناء حفلات الزفاف، وبكرة خيط ملقاة في إهمال، رفعت خشبة البنك ودخلت كما كنت أفعل في

الماضي وكان عم صافي جالساً في عمق المحل الصغير، أمامه ماكينة الخياطة التي كان يقوم برتق الملابس بها في السابق، أو تثبيت كلفة، وصنع العراوي للقمصان، أو تثبيت سوستة لفستان.

عندما شاهدته كان قد تبدل مثل كل شيء، جسده تضاءل للنصف كأمي، يرتدي نظارة سميكة لا تكاد ترى عينيه من عدستيها المغبشتين، النظارة مكسورة، وقد ربطها بلاصق من منتصفها، حوله أكوام بعض الملابس نسيها أصحابها، أو اعتقدوا أنه لم يعد موجوداً، ولا تزال رائحة القماش المعتقة تفوح من المكان، بجواره على منضدة خشبية صغيرة راديو صغير، يخرج منه صوت قرآن كريم بطريقة محببة، ومعظم البرطمانات الزجاجية بها بقايا أزرار، وحتى برطمانات الملبس المميز ما زالت موجودة، لكنها خالية من الحلوى.

كان جسم عم صافي ضخماً، ووجهه ممتلئاً، وابتسامته بشوشة، ولم يكن يرد أحداً، أو يقطب في وجه أحد، حينما كان ينظر إليك يخبرك باسم والدك أو والدتك ـمثل أم حسن الداية التي قامت بتوليد جميع أمهات الحي ـ وبعد أن ينتهي من عمله، يقدم لك أشياءك ومعها قطعة الملبس المميزة.

نظر إلي عم صافي وقد خلع النظارة فظهرت الهالات السوداء أسفل عينيه، خده مجعد، ونظرة حانية قديمة استقرت في عينيه، دقق في وجهي للحظات، ثم عدل من وضع النظارة على وجهه، وقال: "مرحب بابن الغالي، أبوك كان راجل كمّل"، قلت ربما كلمة يقولها الآن لأي شخص يأتي إليه، لكنه أمسك يدي وضغط

عليها بقوة وقال لي اسم أبي واضعاً لقب الأستاذ ثم تلاه باسم أمي، ترحم على أبي وأبلغني أن أسلم على أمي.

خلفه موقد صغير عليه براد شاي وعلى الأرض كنكة نحاسية قعرها أسود، أصر أن يصنع لي فنجان قهوة، شكرته وأخبرته بأنني أريد إصلاح قطع الجاكيت، يبدو أن ماكينة الخياطة لم تعمل منذ زمن، حاولت أن أضغط على دواستها القريبة من الأرض كما كنت أفعل وأنا صغير، فلم تتجاوب معي، حتى الماكينة أصابتها الخشونة في مفاصل جسدها مثل أمي.

أخذ الجاكيت وفرده أمامه في حماس لا يتناسب مع مظهره، وقال ضاحكاً: "عيوني، فوت عليَّ آخر النهار، تلقاه خلص". ثم جذب المقعد الصغير الذي بجواره وقال: "اقعد أحسن، هاعملهولك دلوقتِ"، ظلت يده المرتعشة تبحث عن أشياء في أحد الأدراج، ثم مد يده إلى درج صغير وأخرج إبرة من علبة صفيح صغيرة وبكرة خيط وطلب مني لضمها، نظرت إلى يديه المرتعشتين، ونظرت إلى الماكينة، وقال: "سامحني، السن بقي.. سيبه دلوقتِ وتعالى آخر النهار".

نهضت وأخرجت مبلغاً من المال وكورته ووضعته في برطمان الملبس الفارغ، ابتسم، كنت أريد أن أردد اسمه بقوة، وأستمتع بلحنه المميز، وخرجت تاركاً الجاكيت ولم أعد مرة أخرى.

المحتويات